JN295377

DYNAM Japan Holdings

国を越えて！ダイナムの挑戦

『財界』編集部・編著

財界研究所

国を越えて！ ダイナムの挑戦

パチンコホール世界初の株式上場！（香港証券取引所）

『財界』編集部・編著

もくじ

第3章　香港市場関係者に直撃インタビュー

第4章　雇用33万人を抱える巨大産業

第5章 ダイナムJH・佐藤洋治という人

第6章　佐藤洋治・ダイナムJH社長　直撃・ロングインタビュー

第7章　壁を越える　国を越える

ダイナムジャパンホールディングス香港上場当日（2012年8月6日）。左から、宇野幸治・ダイナムジャパンホールディングス執行役、佐藤洋治・ダイナムジャパンホールディングス代表執行役社長、佐藤公平・ダイナム代表取締役社長、堀場勝英・ダイナムジャパンホールディングス取締役

プロローグ

「大学を卒業してダイナムに入社したのは、大衆娯楽としてのパチンコ産業の将来を語るトップの方針に共感したからなんです。でも親や学友からは当時、この就職に反対されましてね。それでも自分の思いを実現させたかったたし、自分なりに頑張ってきたんです。（会社が上場したら）久しく連絡をとっていなかった昔の仲間が『上場したんだね』と、フェイスブックやメール、電話で連絡をしてきてくれて、本当に嬉しかった。この道を選んでよかった」

入社13年目を迎えるダイナムのある学卒社員は、会社上場の喜びをこう語った。

全国に355店舗のパチンコホールをグループで運営する、パチンコホール専業大手のダイナム。その持株会社であるダイナムジャパンホールディングス（ダイナムJH）が2012年8月6日、香港証券取引所のメーンボードに上場した。

メーンボードは日本なら東証1部に相当する市場。世界に向けて開けた国際市場である香港市場での普通株式での上場を、日本企業として初めて実現した、画期的な出来事となった。しかも、香港市場は世界に開かれた市場。上場の申請に対する審査は国際基準で進められ、その厳しさにも定評がある。その審査を通過しての上場だから、作業を進めてきた社内関係者の喜びもはじけた。

「社員のみんなから、家族や親戚から良かったね、といわれた、という話しをたくさん聞けたことが本当に嬉しいです」と語るのは、ダイナムＪＨ社長の佐藤洋治。ダイナム・グループのオーナーであり実質的な創業者である。

日本ではパチンコホールの上場がこれまで全く認められてこなかった。そのことによって萎縮している社員に対して、何とかしたい、もっと誇りと自信を持って仕事ができるようにするにはどうすればいいか、と佐藤は思案し続けてきた。これは佐藤氏の執念にも近い思いとなって募っていった。

日本でもパチンコホールの株式上場が試みられた例はある。パチンコの機械メーカーは上場を果たしてきているが、なぜか、パチンコホールは上場する機会がないままにきていた。たとえ上場を申請しても、日本の証券取引所による「門前払い」をされていた。

何とか打開の道はないのか、佐藤は考えた。自分たちは社会に役立つ企業を目ざし、人材獲得にも努め、社員研修も行い、心の鍛錬をやってきている。経営トップとして、社員のそうした努力、研鑽に応えていく手立ての一つとして、株式公開を考えてきたつもりである。

日本で上場ができないなら、海外での上場に挑戦する――。佐藤はこう気持ちを切り替えた。それも、日本の証券取引所よりも国際マーケットとして開かれた市場で、厳しい審査を個別に行ってくれる市場に上場を申請しよう。会社はそれに耐えうるコンプライアンスと透明性、収益性を備えている。そこで上場が実現できれば、逆に日本の市場、ひいては日本社会への大きなインパクトになるだろう――。

こうしてダイナムＪＨは２０１２年１月、香港証券取引所へ株式上場を申請。そして７カ月後の８月６日ついに上場が実現した。

パチンコホール運営を主体とする企業が株式上場することは世界でも初めての快挙であった。

実は、佐藤はそれまで日本での株式上場を目ざしてきたが、上場申請の段階でハネ返されてきた。パチンコ機器業界は上場でき、なぜホール業界は上場できないのか。それにはホールの景品を取り扱う商習慣〝３店方式〟が不透明とする東京証券取引所などの対応が厳然として存在してきたからである。

思案の結果、日本が申請を受け付けないのなら、世界のルールに則って審査する香港に申請しようと佐藤は考えた。香港の上場審査は世界でも厳しいものがある。その香港で上場できれば、これまで社員と一緒になって努力してきた甲斐があるし、社員の関係者も自信と誇りを持てるようになる。

実際、申請してからの作業は繁忙を極めた。香港証券取引所も通常より時間をかけ、約半年に渡って厳格に審査、関係者は香港と日本を何度も往復し、行政、証券、取引先を調べて回った。

そして、遂に8月6日、香港の上場が実現した。今回の出来事の意味は大きい。事実、日本国内でもこの上場に関心が寄せられ、反響も大きかった。日本での上場が無理でも海外で実現したのである。

かつて戦後すぐソニーがテープレコーダー、トランジスタラジオと新製品を開発、どう市場に送り出すか思案していた当時の経営者、盛田昭夫氏は米国ニューヨークに飛んだ。米国で新製品を売り出そう、米国人なら新参者でも良い製品なら受け入れてくれる。そうやって評判をよくして、ソニー人気を高めた。その人気は日本にも伝わり、ソニーは有力企業へと成長していった。

戦後日本にとってモノ作りは世界に打って出る手段であった。今日、ソフトやサービスで日本は広く力を発揮する時代を迎えている。その先兵となったのがダイナムによる香港上場である。

そうした挑戦する姿勢がかつてのソニーにはあった。そして今のダイナムにある。チャレンジこそは自らの人生を切り開くもとになる。

最後まで諦めず、希望を持ち続けた佐藤洋治の全身全霊を賭けた挑戦が結実した――。

（敬称略）


本書では中心となって登場する佐藤洋治・ダイナムジャパンホールディングス社長のみ、敬称を略させていただきました。

第1章

世界で初めての上場

「思わず熱いものがこみ上げ…」

「香港証券取引所の入口で佐藤会長（洋治・ダイナムジャパンホールディングス社長）が記者からの取材を受ける姿を見ていた瞬間、私も思わず熱いものがこみ上げてきました」

２０１１年8月からほぼ1年間、ダイナムジャパンホールディングス（ダイナムＪＨ）の香港上場プロジェクトに携わってきた、ダイナムＪＨ総合企画部の30歳代のある若手社員は、感激の瞬間を語った。

２０１２年8月6日、ダイナムＪＨが香港証券取引所に上場したその日、この日の午後から現地で行われる予定になっていた上場セレモニーに出席するため、今回の上場プロジェクトに関わった社員や、そのほかの多くのダイナム・グループ社員が日本から香港に渡航していた。

その日の午前9時過ぎ、香港証券取引所の正面入口で、佐藤やダイナムＪＨの経営幹部、幹事証券会社、香港証券取引所の幹部らが勢揃いし、上場記念の写真を撮影。

取引所内に入り、午前9時30分になると、トレーディングホールで佐藤と香港証券取引所の代表が恒例の銅鑼《どら》を鳴らし、取引が開始された。

この若手社員にとっては、この1年間は入社して13年の中でもこれまで経験のしたことがないようなほどの激務の連続であった。経営トップの姿を見、社内全体が一致団結した。自分たちの目標実現に向かって努力していこうと頑張ってきた。その目標が実現したのだ。銅鑼の音を聞きながら、若手社員も感慨深いものがこみ上げて来た。

海外市場への上場に挑戦することを会社が決断したのは、その日からおよそ1年半前。何しろ初めてのことばかりである。紆余曲折を経ながらも、最後まで諦めずに一つずつ課題をこなし、上場実現へ向け、社内全体が努力してきた。何より社員を鼓舞し、率先垂範してきたダイナムＪＨ社長・佐藤本人の、その日の姿を目の当たりにして若手社員たちも、この上場の意味の大きさ、重さ、それに佐藤が抱いてきたであろうこれまでの思いなど、いろいろなものが重なって、思わず胸が熱くなったのだった。

ダイナムＪＨは、パチンコホール運営専業の会社としては世界でも初めての株式の上場を果たし、そして日本企業として初めて香港証券取引所のメーンボードに普通株式での上場を実現した。この点において、空前の快挙を成し遂げたのだ。

「『他の会社とは違うんだね。大変なことを成し遂げたね』と、入社前と比べられない程、自分たちの会社のことを評価してくれています」。家族の反応を語るときのダイナム・グループの若手社員の表情も活き活きとしている。

もちろん、ダイナムは株式上場前も立派な企業たろうと努力してきた。公明晴朗な店舗の運営、女性客も気軽に入りやすくするような店舗設計、喫煙室の設置、そして社員の研修。また東日本大震災が起きたときにいち早く水や食料を調達し、被災地へ届けるなどのボランティア活動にも力を入れてきた。そうした社会と共にある企業としての様々な努力を長年に渡って重ねてきた。

何としてでも上場を果たしたい。そして社会から認められる存在の企業になりたい。日本市場がダメなら海外市場に挑戦する。もし海外での上場が実現すれば、そのときは日本市場もいずれ、変わらざるを得なくなるだろう——。

こうした佐藤の長年に渡る思い、そして決して諦めずに挑戦し続けたことよって達成できた今回の成果の喜びが、いま、グループ全体に静かに、だが隅々まで滞りなく、しっかりと浸透し始めている。

二十余年間の思い

平成元年（1989年）、パチンコホールにプリペイドカードが導入された。これがパチンコホール業界の中で有力各社が、上場を目指すきっかけを作ったと言われている。今から二十余年前のことである。プリペイドカードの導入は、個人商店の域にとどまっていたパチンコホールの近代化を促すことになり、そうした中、有力企業が株式公開まで考えるようになった。

そこで、ダイナム、ピーアーク、マルハン、オータ、ジャパンニューアルファ、ヒューマックスという大手・中堅のホール運営会社6社が集まり、株式上場準備協議会が結成された。

各社のトップはそれぞれ、何とか株式の公開がしたい、という同じ考えを共有していた有志たちである。それ以来、各社はそのための取り組みをこれまでずっと続けてきた。

何社かが上場にチャレンジし、申請の準備に入った。しかし日本では決して、その門戸が開かれることがなかった。パチンコホールの上場は、日本では申請ですら受け付けてもらえなかったのである。

なぜ、そんな状態が続いたのか。先述のように、パチンコ機器メーカーは上場ができ、ホールになると申請しても、証券取引所で「門前払い」されてしまう。それは〝3店方式〟というホール業界の景品を取り扱うシステムが〝不透明〟ということが言われ続けてきたからである。それを自分たちでクリアしてきていると佐藤たちは訴え続けてきたが、日本の〝常識〟をくつがえすことはできなかった。日本の「門前払い」の状態が続くなら世界の審査に任せよう――と佐藤は思い立った。2年半前のことである。そして今回の香港上場につながったのである。

2011年6月1日、ダイナムJH社長の佐藤洋治は、香港証券取引所を訪問し、同取引所の審査部門ヘッドであるマーク・ディッケンズ氏に面会した。これが香港上場への第一歩だった。

その際、ディッケンズ氏は「香港ではきちんとした手続、申請書と共に日本の国内法に抵触していない旨の弁護士の意見書を添えて提出して下されば、申請は受理いたします。受理した申請に対しては、きちんとした審査を行います。その上で、上場できるかどうかは判断します。もちろん却下の場合もあります。でも門戸を閉ざすことはありません」と佐藤に答えた。

佐藤はその言葉一つを頼りに、その場で「それでは、あと残り6カ月、今年中に申請書を出します」と思わず返した。ディッケンズ氏は笑いながら「不可能ではないけれど、とてもアグレッシブなスケジュールですね」と応えた。

「24年間の日本における思いをずっと引きずりながら来ているわけですから、『よし、ここできちんと審査さえしてくれれば、ありがたい』『間違いなく、ダイナム・グループは日本において、法律的に問題となるようなことは一切ない、合法的な活動を行っている』という自信がありましたから」と佐藤。

「何としてでも半年以内に申請を出そう」とその場で決意を固めて、とにかくそこで宣言をして佐藤は日本に戻ってきた。

佐藤にはとにかく自信があった。それまで、日本での上場申請でやれるだけのことはやってきており、香港での申請にも「ルール通り審査してもらえるなら…」と手応えを感じていた。

そうした自信を裏付けるだけの道のりを佐藤も経験していた。時計の振り子を少し元に戻そう。

佐藤は今回の上場に関連して、「ダイナム一社だけが孤軍奮闘してできたわけではありません」と付け加える。

まず2002年4月、パチンコホール会社の業界団体である一般社団法人パチンコ・チェーンストア協会（PCSA）が発足。協会の目標の2番目に、会員企業の株式上場がうたわれた。PCSAに加盟したメンバー会員企業は、互いに手を取り合いながら、株式上場を目指して今日まで来たのである。

「そういう仲間たちの温かい支援があればこそ、今日に繋がりました」と佐藤は振り返る。そういうときの佐藤の言葉は熱い。

株式上場をさらに現実的なものにしようと、外部の大学教授、弁護士、会計士らが、各企業の内部統制の在り方、とくに財務以外の部分での仕組みがきちんと上場に耐えうるものであるかをチェックし、あるいはそれ以上の体制になることを目指すためにチェックをする機関として、パチンコ・トラスティ・ボード（PTB）という第三者の審査機関も業界で立ち上がった。

ダイナムはこれまでに5回に渡るチェックをこの機関で受けた。こうした業界を挙げての内部統制強化にも取り組んできている。

「今後、多くの仲間たちがパブリック・カンパニーとしてディスクロージャー（情報公開）をして、社会に受け入れられる業界になってもらいたい、というのが願いです。だからダイナムは、その仲間の企業を増やしたい、どんどん、ノウハウも公開していきたい、それが役割だと考えています」（佐藤）。

社員のやる気・社員の喜び

前述のように、業界にプリペイドカードが導入されたその年、業界の有志6社が集まり、株式上場準備協議会を結成。それ以来、何とか株式公開をしたいとの思いで、経営の透明化、内部統制の強化、コンプライアンスの強化等の取り組みを続けてきた。

ダイナムは年度ごとに業績開示も行うようになった。株式上場と同じように経営に透明性を持たせるという佐藤の考えから進めたことである。

現実に上場を実現した今、社員たちはどのように受けとめているのだろうか。
「入社以来、佐藤会長（当時社長）の上場に対する熱い思いを常に聞きながら今日まで、ダイナムのビジョンを共有してきた」という50代の社員は、「感無量です」と、率直な感想を漏らした。「遊技台メーカーや周辺装置メーカーはとっくに上場しているのだから、ダイナムのようなホール企業も上場するのは当然だと、取引先および友人から何度も励ましていただきました」と、周囲からもこのように温かい励ましがあったことを明かした。

50代の社員の中には「長年の夢であった上場が可能となった際には、自社のみならず、ホール業界全体の評価が大きく変わることにもなる。是非とも成し遂げなければならない使命だと思っている」と、やはり企業と社会との繋がり、社会的存在ということを意識した感想が聞かれている。その声には、同社は業界のリーディングカンパニーだからこそ、上場も率先して行わなければいけない、という自負の思いがうかがえる。それだけにその思いが実った今回の上場は「働く従業員にとって、誇りに繋がる」（50代社員）と喜びは大きい。

これまでいろいろな形で株式公開業務に関わってきたという40代の社員は、「２００５年のＩＰＯ（Initial Public Offering：新規株式公開）機運を逃して以来、当面チャンスは訪れないだろうと考えていただけに、今回のプロジェクトのスタート時には正直なところ半信半疑だった」と言う。申請作業が佳境にさしかかっているときの感想だが「今この段階にきて、〝今回はいけるのでは〟と確信し、日経紙に一面に飾られる日を楽しみにしている」と期待に胸を膨らませていた。また、「取引銀行からは〝業界全体のためにも是非ＩＰＯを成功させて下さい〟とエールを送ってもらった」と、やはり周囲の励ましがあったことに感謝の意を伝えている。

また、入社して19年が経つという別の40代の社員は、「入社当初から『上場』という目標を社内で良く聞いていました。取り組みに参加できた事をうれしく思っています。上場により、パチンコ業界が、他業界と並んで評価される事をうれしく思いますといって喜ぶと共に、「上場した以上は、社会的責任がこれまで以上に求められる。そういった意味で、緊張感が高まっているというのが、正直な気持ちです」と、上場によって会社が一層、社会的な存在となることに気を引き締めている。

業界全体の社会的地位向上を

一般的に企業が株式上場をする狙いは、資金調達や、その企業の社会的信用の向上ということが最も大きい。上場することでそのメリットを間違いなく享受している企業がほとんどだ。

しかし今回、ダイナムJHが上場した目的は、それ以外にもあった。業界の地位向上に貢献したいということと同業他社との連携強化である。

「これでパチンコオペレーター企業の上場の道筋が開け、これから2番、3番とどんどん上場して欲しい。それが日本におけるパチンコ業界の社会的評価、そして社会へもっともっと開かれた企業として貢献できることに繋がっていくでしょう」

佐藤は、香港上場後の8月27日、一般社団法人パチンコ・チェーンストア協会の主催により都内で開かれた「パチンコホールの香港株式上場についてのセミナー」の冒頭挨拶で、こう述べ、業界全体の地位向上のために先鞭を切った意義について触れ

2012年8月27日　ダイナム香港上場セミナー（東京・ホテルニューオータニ）

た。

ある50代の社員は、ダイナムＪＨが上場したことの意義について「一企業のメリットを追求する事ではなく、パチンコ業界の悲願である業界の更なる地位向上や世界基準に基づいた透明で公正な経営の実行に繋がるものだと思います」との感想を漏らしている。

自社の地位向上だけでなく、それが業界全体の地位向上に繋がるということ、いやむしろ業界全体の地位向上なくしては自社の地位向上はありえない、といった考えを持っているのは、やはりベテランの50代社員らしい。

別の50代の社員は「ホール業界は風適法

（風俗営業等の規制及び業務の適正化等に関する法律）の適用を受けているという理由だけで、公的な助成、たとえば雇用調整助成金などが受けられずに来ました。また、過去のイメージから国民より『違法な活動をしている』『うさんくさい業界』などといった目で見られてきており、働く従業員も後ろめたい感じを持ちながら働いているものもいると思います。そういう中で、上場を行うということは、日本経済の中でホール業界が産業として、国民に認知されることであり、本当にうれしい」と、やはり社会との共生を強く意識した考えを示す。

加えて、そのベテラン社員は、「上場を契機に『ホール業界＝心の癒しを提供する産業』が低迷する日本経済の起爆剤の一助になればとも思っています」と上場後も一層努力していきたいと、その気持ちを打ち明けた。

2004年から2005年にかけてジャスダックへの上場準備に関わってきて、一度は挫折したという別の50代社員は、「今回の香港上場により株式公開の夢が叶うことが大変うれしい」と喜ぶと共に「グループが今後、世界とりわけアジアへの展開を行っていくとしても、当面は営業・顧客基盤の大部分が日本国内にあるわけですから、国内上場もあきらめないでほしい」と個人的な思いを述べる。

周囲からの励ましに心強くした

中堅の30代、40代の社員は、ダイナムＪＨの香港上場に対してどう感じているか？「ダイナムという会社が好きで、誇りを持って働いてきました」と言う30代の社員は、それだけにパチンコ業界が悪い印象を持たれやすいことに「深い悲しみがありました」と心情を吐露。今回の香港上場によって「ダイナムの評価・パチンコ業界の評価が正しく行われることに大きな期待をもっています」との感想を寄せた。

また「業界規模、就業人口等を他業界と比較して遜色がなく、十分に上場に値する業種であると考えている」と言う、今回の上場プロジェクトにも関わった別の30代の社員は、会社の上場は入社した時から一つの目標であり、その目標を実現するための「プロジェクトに関われたことは本当にありがたい」と素直に喜んでいる。

やはり上場は「入社以来、会社全体で目指していた目標だった」という40代社員は、これからは「社会に認めてもらう一歩となり、無くてはならない存在になる」と、社会との関わりをやはり重視する考えを表明した。

また、入社して12年、会計業務を中心に上場することを念頭にして業務に従事してきたという別の40代社員は、ダイナムは「上場しないでも十分にやっていける企業だと思いますが、やはり上場して外部に評価されるということは、厳しいことですが非常にやりがいを感じます」との感想を漏らした。

さらに、個人的にはホールで働いてきていて、これまでネガティブな反応を受けたことはないし「今回の上場に関しても応援された」と、周囲からの励ましがあったことを付け加えた。

また、上場は、自身のモチベーション向上につながるので、「是非とも実現させたかった」と言う40代社員。外部の人からは「ホール業は上場する必要はない。むしろ未上場のままが良いのではないか。ホールの上場は難しい」といった否定的な見方をする人がいたことに落胆させられてきたが、上場した今、「非常に面白い。上場ができたから、新しい事業の可能性が一杯出てくるのではないか」といった肯定的な上場効果を言う人が出てきているのも心強いと明かした。

定年間近の60代の社員は、国内では実現できなかったことだけに、それが香港で実現できたことは「画期的で感無量です」と実に感慨深げ。

広告関連で働いている別の60代のグループ社員は「一般の商取引等々でホール業だということで差別的扱いを受けてきた」と言い、上場したことで「社会的なパブリックな存在として認められることになり、これまでの差別的な扱いは減少していくものと期待している」とした。

第2章

厳しい審査の香港市場

日本と香港の審査の違い

香港に上場申請する前、佐藤は日本の証券取引所に対して言い続けたことがあった。「個別に審査して欲しいのです。従来の予見をもって門前払いをするのではなく、個別に取引の実態を精査して結論を下して欲しい」と。

香港証券取引所は、その点、門前払いではなく、審査を受け付けると言ってくれた。その香港証券取引所は投資家保護を最重視し、グローバル審査基準を掲げており、ある面で日本より厳しい上場審査を行っていることで有名。

個別企業の審査を徹底的に行い、そこから引いては不慣れな業界全体のことも隈無く調べ上げていく。そういう作業を香港証券取引所は行っていった。

新持株会社誕生の意味

ダイナム・グループは全部を合わせると約20社の事業会社からなる。

ダイナム・グループの持株会社自体は、10年近く前から存在しているが、メーンの事業会社はパチンコホール運営のダイナムであり、ここがグループ全事業規模の９割以上を占めている。

事業会社のダイナムは、全国に３４６店舗のパチンコホールを持ち、従業員数は１万１１６人、２０１２年３月期の売上高は８９７６億円（前年同期比５・２％増）、経常利益２９３億円（同７・３％増）、当期利益１５８億円（同12・８％増）と、この不況期にあって順調に業績を伸ばしている。このほかにダイナムＪＨ傘下には３社のパチンコホール会社があり、同期のグループ全体のパチンコホール数は合計で３５５店舗になる。

２０１１年９月、持株会社の旧ダイナムホールディングスは、会社分割を行った。パチンコホールを中心とする事業会社をまとめて、新しい持株会社ダイナムジャパンホールディングス傘下にまとめ、形態としては旧持株会社を事業継承した。それ以外の事業会社は新持株会社ダイナムホールディングスにまとめた。今回、香港で上場したのはこのダイナムジャパンホールディングスである。

新持株会社ダイナムジャパンホールディングス傘下の事業会社は事業会社ダイナム

を始め4社のパチンコホール関係を中心に現在11社で構成。もう一つの持株会社ダイナムホールディングスには、それ以外の事業会社を中心に8社で構成する。2つの持株会社間には相互に資本関係はないが、いずれの持株会社も大株主がオーナーとそのファミリーということである。

この再編を行った理由は、香港で持株会社が上場を行う場合、傘下の企業全部をIFRS（国際財務報告基準）ベースに乗せて過去3期まで遡る必要があり、約20社全ての事業会社にそれを行うとたいへんな手間と時間がかかるため、上場するパチンコホール主体の事業会社をまとめてグループを2つに分けることにしたというもの。これがダイナムJH側の公式コメントである。

だが新設持株会社の狙いはほかにもある、という見方もできる。ダイナム・グループにパチンコホール主体の事業会社をまとめた持株会社ができたことによって、その傘下に、同業のパチンコホール会社を取り込んで再編してくことができる、という見方である。

実は、株式上場には資金調達を行ったり社会的ステータスを上げる、という狙いのほかに、株式交換方式によって企業再編を行い易くする、という一般的に言われているメリットが存在する。

非上場企業が単純にＭ＆Ａを行う場合よりも、上場株を再編する相手に交換して渡すことでグループ化を図るやり方のほうが、税制上のメリットを始めさまざまなメリットがあるとされている。もちろん、株式交換にはメリット以外にもデメリットも存在するので、一概にこれによって直ちに業界再編が進む、というふうには言い切れないが、後続の同業者が続くかどうかという影響を含めて、今回のダイナムＪＨの香港上場が、業界再編の一つの機運になってくるのは間違いないところだ。

内外27社・事務所が関わる

ダイナムＪＨは香港上場のために、幹事証券会社（香港ではスポンサーと言う）、監査法人、法律事務所、コンサルティング会社など、最終的に内外の合計27社と契約することになったのは先述の通りである。その間には紆余曲折もあった。

ダイナムＪＨが香港上場に向けて本格的に動き出したのは２０１１年6月。

同社社長の佐藤が『すぐわかる香港ＧＥＭ上場・シンガポールＣａｔａｌｉｓｔ上

場』（2009年　中央経済社、清和監査法人シニアパートナー・南方美千雄他著）という本を読んで著者にすぐ連絡をとり、その共著者であった香港の法律事務所DLA piperに所属していた弁護士・石川耕治氏を伴って香港証券取引所を訪れてからである。

香港証券取引所は2010年に規制を改革して、より多くの国からの上場申請を受け付けるようにすると共に、海外企業の上場がよりスムーズにできるような運営を行っていた。石川氏は香港証取が日本の企業向けに日本でセミナーを行うときには必ず参加するなどで、香港証取との関係を深めていた。

日本と香港の上場を比べて一番大きな違いは、日本では上場に必要な作業を幹事証券会社が何から何までやってくれるが、香港では上場する当該企業がそれをやらなくてはいけないことにある。日本では証券会社と監査法人との契約が必要になるが、香港ではそれに加えて法律事務所との契約が必要になることも大きな違いだ。不動産査定や、のれん代評価など、その査定・調査ごとに専門の法律事務所との契約が必要になる。

最終的にダイナムJHは中銀萬國融資、Piper Jaffray Asiaa

（パイパー・ジャフリー・アジア）、中信証券國際（CITIC Securities International）という3社の証券会社と契約を結んだが、スタート時点は申銀萬國1社だった。

この3社の役割は、申銀とPiper Jaffrayは香港ではスポンサーという呼称で、日本の幹事証券に当たり、引受を担当する。CITICは香港では共同ブックランナーという呼称になり、販売面を担当する。

法律事務所はスポンサー側と、会社側にそれぞれ付ける必要があり、スポンサー側の事務所には米国系のBaker&Mckenzie（ベイカー&マッケンジー）が、会社側にはDeacons（ディーコンズ）が担当として就いた。このほか、風適法（風俗営業等の規制及び業務の適正化等に関する法律）や会社法など日本国内法への対応で曾我法律事務所、西村あさひ法律事務所、三堀法律事務所の三事務所が、さらに米国での株式募集時の意見書作成でRopes&Gray、そして当初のDLA Piperを加えると、最終的に7つの法律事務所が関わることになった。

また監査法人では香港の大手RSM Nelson Wheelerと、その日本側パートナーである清和監査法人が担当した。

最初のスポンサー契約

2011年6月1日、香港証券取引所のトップの人たちを訪問したその足で、ダイナムJH社長の佐藤は香港のDLAの事務所を訪れた。そこではRSM、清和監査法人、申銀萬國のトップの面々が顔を揃えていた。佐藤は初めて会ったトップの面々の前で、「これが最初のキックオフ・ミーティングです。早速プロジェクトをスタートさせましょう」と宣言した。

その前に、香港証券取引所を去る直前、佐藤は香港証取のトップの人たちに対して「このあとすぐに関係者を集めて会議を行い、上場の準備を始めるので、できれば年内に上場申請をしたい」という話をしていた。これに対して香港証取の関係者は「非常にアグレッシブですね」という反応だった。

この反応からも分かるように、香港証取側は最初は多少、戸惑いがあったのは事実のようだ。

実際、最初、DLA香港の弁護士からは「野村のような日本の大手証券会社を入れないとやはり、難しいのではないか」と話していたし、中銀萬國も「検討はしたい」と言いながら、今すぐ契約となると首を縦には振らなかった。

７月７日から８日にかけ、佐藤は元東京証券取引所上場審査部長・元ジャスダック取締役でダイナムＪＨの非常勤取締役に就いているコンサルタントの牛島憲明氏を伴い、今度はサインをした契約書を持って再び、香港に乗り込んだ。中銀萬國のトップであるウィリス・ティン氏に契約書を見せ、ありたけの情熱を込めて佐藤はその夢を語った。だがなかなか、色よい返事はかえってこなかった。

しかしとうとう最後はティン氏が根負け。「私は佐藤さんのことがとても好きです。熱意に打たれました。今の段階でできるかどうかわからないけれど仕事を受けましょう」と応え、ついに最初の主幹事契約が結ばれることになった。

法律事務所を変える

ところが物事はそう簡単には進まない。

最初に日本のＤＬＡと契約したことが事情を複雑にした。

ＤＬＡに所属する日本の弁護士の先生が香港上場に関する本を書いてはいたものの、実績として日本のＤＬＡが香港上場を手がけたことは皆無だった。それは仕方がないとしても、法律専門家としてはむしろ、パチンコ業界に関わる風俗営業適正化法や、刑法、民法、商法、会社法等に照らして、例えば〝3店方式〟による換金方式が法解釈上、合法なのかどうか、あるいは監督官庁たる警察庁のスタンスはどうか等について、意見書を作って提出しなくてはならない立場であったが、その作業がなかなか進まなかった。

そのことを巡って丁々発止のやりとりの末に、ついに主幹事である申銀萬國とＤＬＡは仲違いを起こしてしまった。

申銀萬國側はついに、「申銀萬國を選ぶかＤＬＡを選ぶか、どちらかにしてくれ。ＤＬＡを選ぶなら下りる」という最後通牒を佐藤に突きつけてきた。

佐藤は、苦渋の判断で申銀萬國を選ぶことにした。香港の証券取引市場に通じている主幹事に下りられてしまうと、香港上場の道が一気に遠のいてしまう、一方、弁護士事務所ならいくらでも変えられる、という判断もあった。

結果的に、新しい弁護士事務所は申銀萬國の方から紹介してもらうことになったので、この判断は正しかった。それが、香港では有力弁護士事務所の一つで、特にファイナンスや商事一般を含む企業分野に明るく、上場に関しても実績と経験が豊富なディーコンズという法律事務所だった。

さらに、日本の法に通じた弁護士事務所も必要になるので、これも中銀トップのティン氏が個人的に知っていた曾我・瓜生・糸賀法律事務所を紹介してもらった。曾我・瓜生・糸賀は、日本で最初に中国に進出した法律事務所として有名なところであった。

さらにスポンサー（主幹事証券）側の法律事務所として、米国系の大手ベイカー&マッケンジーも紹介してもらい、陣営に付いてもらった。

普通株か、HDR（香港預託証券）か

紆余曲折はまだあった。

今度は上場のやり方をめぐって、意見の相違が起きた。

このころ、上場に向けた作業のコントローラー（主導的役割）を行っていたのは非常勤取締役の牛島氏だった。牛島氏は東証の上場審査部長まで務めた、いわば上場のプロ。しかし当然、香港上場は初めての経験である。

牛島氏は当初、香港上場はＨＤＲ（香港預託証券）という実際に株式を発行しないやり方の方式でいこうと考えていた。

すでに日本の企業では、ＳＢＩホールディングスがこのＨＤＲ方式で香港上場を果たした実績がある。ただＨＤＲ方式での上場を含めると、ダイナムは日本企業で初の香港上場、ということにはならなくなるが、その場合でもダイナムは日本で上場していない企業の中で、初の香港上場ということにはなる。それはともかく、牛島氏は、ＨＤＲ方式の方が、株券発行を行う普通株による上場よりも、問題が少ないと考えたからである。

株券発行方式でいくと、株券の盗難等のリスクが発生する上に、香港で上場が実現できた後に日本で上場をしようと考えたとき、香港で発行した株券を全て回収しなくてはならない、という必要性が発生する大きな難点があった。

ところが、スポンサーの中銀萬國は、最初から普通株での上場を考えていた。

それでついに衝突が起きてしまった。中銀萬國からは再び、佐藤に「もう辞めたい」という泣きが入ってしまった。

結局、最後は佐藤の鶴の一声の決断で決着が図られた。普通株での上場で臨むことが決まったのだ。

これは結果的に正しい判断であったことが後からわかる。

ＨＤＲで上場するためには、ＨＤＲを発行できる信託銀行と契約する必要がある。ＨＤＲを引き受けられるのは4社だけであり、それはバンク・オブ・ニューヨーク・メロン、ＪＰモルガン、シティバンク、ドイツ銀行の各信託銀行部門だ。ちなみにＳＢＩホールディングスはＪＰモルガンがＨＤＲを引き受けた。

各社ともダイナムＪＨのＨＤＲによる上場に、最初は非常に乗り気だった。ところが何日か経つと、各社とも一様に否定的、あるいは非協力的な反応になる。

この態度の変節に関しては、想像の域を脱しないが、いずれの各社も日本に支社を持っている、というところから、一つの推測が成り立つ。

恐らく各社は、日本でかつてパチンコホール会社が上場を計画し、そしてそれに対して日本の取引所及び最大手の証券会社がとった対応についての情報を、これら日本支社を経由して得たのであろう。

いわば日本でのパチンコ業界に対する偏見が、日本支社経由で香港にまで伝播してしまったのである。

結果として、ＨＤＲで発行をしようと思っても、ＨＤＲでの発行はできない状況になっていた。

株式販売面での補強

普通株での上場でいくことに決まったものの、販売面では申銀萬國も自信がなかった。

というのも、証券会社の規模としては申銀萬國の親会社は中国本土ではトップ級ではあったが、香港では決して大きい部類に入る会社ではなかったし、しかもダイナムがやりとりをしているのは、さらにそのグループの中でも規模が小さい引受専門の会社だったからだ。

そこで申銀萬國のティン氏からは、かつてそのトップが香港証券取引所の上場委員会のメンバーでもあった米系投資銀行のパイパー・ジャフリーを紹介してもらい、共同スポンサー（共同幹事）にすることを決めた。

時期はもう当初の申請予定を間近に控える11月になっていた。

しかし、販売面については依然、不安が残った。なぜなら、このパイパー・ジャフリーも、引受の実績では米国でも中堅と言える存在の会社ではあったが、ブローカレッジ（証券販売）部門は決して大きくはなかったからだ。

そうこうしているうちに11月も終わりが近づいた。ダイナムＪＨの佐藤は再び、香港の証券会社を回り始めた。今度は中国系の大手を中心に10社近い会社を回ることが目的である。

このときの大手証券会社各社の訪問は、現行のスポンサーに対してプレッシャーを与える、という副次効果をもたらすことにもなった。

当初、中銀萬國が、上場時のＰＥＲ（株価収益率、株価と一株当たりの最終利益との比率）としては7倍ぐらいを想定していることを口にしていた。香港証券取引所に上場しているカジノ会社では、ＰＥＲ20～50倍という高株価企業が多いので、ダイナム側はこの数字に多少の不満があったのは事実だ。

そこで、香港にあるほかの証券会社に当たることで彼らから積極的な想定ＰＥＲの提案をしてもらうことで、スポンサー（ダイナムＪＨの主幹事証券会社）にも刺激を与えられるのではないか、と考えた。

回った約10社のうち6社ぐらいから「是非引受に加わりたい」という積極的な返事をもらうことができた。

彼らのプロポーザルは、やはりＰＥＲ10〜15倍というのが大方のところであった。この数字を主幹事証券側に投げかけると、結局、主幹事証券側からもＰＥＲ14倍というプロポーザルをもらうことができた。

さて、約10社を回った中には、２０１０年に香港で上場し、時価総額が約1兆６０００億円にも達している、中国の大手銀行系の有力証券会社ＣＩＴＩＣが含まれていた。

ＣＩＴＩＣのプロポーザルの中には、上場を成功させるためには「コーナーストーン投資家（上場に際して、公募に先立ち戦略的投資家として引き受けを行う機関投資家）を4割ぐらい入れることが成功の秘訣だ」というアドバイスもあった。非常に的を射た提案であったので、ＣＩＴＩＣに共同ブックランナーとして参加してもらうことにした。

これで販売面での補強も行われ、販売面の不安も解消することになった。

日本企業初の「独立非常勤取締役」

日本には社外取締役制度がある。これは証券取引所の上場規則で決められているものではない。会社法によってそういう取締役規定があるというだけのことだ。

香港では２０１２年４月の上場規則改正で、12年12月31日までに上場する全ての会社は、最少でも全取締役の３分の１を「独立非常勤取締役」にする必要が生じている。

独立非常勤取締役のうちの１人は香港の公認会計士もしくは会計士の資格を持った人が就任することが望ましいとされている。

この狙いは、上場会社の経営陣にコンプライアンス（法令遵守）、コーポレートガバナンス（会社統治）、内部統制などの経験をもった人の意見を反映させることにある。日本にはＪ－ＳＯＸ（日本版ＳＯＸ法）があるが、香港にはそれに当たる法律がないので、この上場規則改正によってこの部分を強化しようというものだ。

このためダイナムＪＨは上場申請前にこの独立非常勤取締役を設置、香港の公認会計士である葉振基（トーマス・イップ）氏が同社初の独立非常勤取締役に就任した。もちろん、独立非常勤取締役を置く日本企業は同社が初めて、ということになる。

「実は、私が昨年（２０１１年）11月に東京の街を歩いていると、いきなりスポンサー（ダイナムＪＨの主幹事証券会社）から電話が入ってきて、取締役をやらないか？と言われたのです。それまでダイナムという会社のことは全く知りませんでした」と葉氏は語る。

葉氏は今、本業の公認会計士事務所（安正普會計師事務所）を続けながら、月一回程度、ダイナムＪＨの取締役会へ出席するために日本に来ている。今後、少なくとも月1回、日本に来る必要がある。それは香港の上場規則変更で、上場会社の財務情報を月次で更新しなくてはならなくなったからだ。

ダイナム・グループと葉氏の事務所との間には、これまで仕事上の関係は全くない。独立非常勤取締役を委任する2～3年前までさかのぼって、たとえ顧問など影響力が少ない肩書きであっても会社と関係する職に就くことはできない。

それぐらい、この職は、日本の社外取締役以上に独立性の担保が必要になる。

葉氏は最初、香港のトーマツ、次ぎにプライスウォーターハウス・クーパースに３年間、さらに香港の公認会計士事務所に13年勤め、その間に約１年半、東京の青山監査法人に出向。トータルで約10年間、日本企業のサポートを行い、日本語も達者である。

２００２年に独立、最近10年間は、中国本土に進出を考えている日本の中堅企業のサポートを行ってきた。

葉氏によれば、日本から中国への進出は、最近は製造業に代わりサービス業、飲食業、小売業などが盛んだという。

葉氏はまた、本業の公認会計士以外に香港で公の仕事に就いている。その肩書きは「日本文化協会理事」。この協会は半官半民の団体で、名誉会長は香港の日本総領事が就く。２０１１年に50周年を迎えた由緒ある団体だ。

葉氏は「パチンコも日本の文化の一つということになりますね」と笑う。

葉氏に、以下のような一問一答を行った。

――日本のパチンコ業界について、どう見ていますか？

葉　私は最初、パチンコ業界のことをあまり詳しく知らなかったのです。それでよく調べたのですが、そうするといろいろな風評があることがわかりました。しかし、ダイナムはこの風評からはちょっと例外的存在ではないかと思いました。それは、以前から内部統制の制度がきちんとできていたからです。

――風評とは業界にあるコンプライアンスに対するものですね。これについてはどう見ていますか。

葉　これはもうダイナムの場合はクリアできていると思います。内部統制では、ダイナムは例えば、外部の人と面会するときには必ず、1人ではなくて2人で会うなど、いろいろ厳しい制度ができていますね。

政策で経済活性化する香港

葉氏によれば、昨年（2011年）、香港で行った企業アンケートの結果が出されており、いま香港では小売業やホテル、サービス業が好調である。香港証券取引所にはマカオなどでカジノを経営している企業がたくさん上場しているが、これらの企業の上場分類は、実はホテルの分野に入れられている。カジノはだいたいの場合、ホテルの中にあるからだ。

逆に厳しい分野は運輸や倉庫業などだ。その理由はどうやら、中国の華南地域、深圳などでの労賃が安く、そこに仕事を取られているからと見られている。

そのアンケートは香港の商工会議所で行われたもので、調査時点は2011年9月。回答は11月～12月のも。

ダイナムJHは要するに、香港では比較的好調な分野のセクターへ上場した、ということになる。

最近のハンセン指数（香港証券取引所における株価の代表的な指数）は2万ドルを少し超えた。リーマンショックのときは1万ドルちょっとだったので、ほぼ倍には戻ったものの、2万4千ドルぐらいあったピーク時に比べまだまだの状況。

一方、不動産価格は香港返還後のピークを越えている状況。不動産は旅行業などと並び香港のビジネスで四大柱の一つ。今また絶好調が続く。その代わり、家賃が高騰し低所得者層の生活が圧迫されるなど別の問題も生じているが、不動産取引が盛んなことは間違いない。

不動産はいま香港経済を支える、主要産業になっている。香港の不動産が好調な理由は、中国本土の投資家が香港の住宅に投資をしているからだ。

中国本土から香港への移住は一般的に禁じられているが、2010年までのルールでは、600万香港ドルを香港で株などに投資したり預金で持っていれば移住の申請ができた。600万ドルも持っている人はそれ以上に資金があると見られ、不動産投資も行っていた、というわけだ。

実は、このルールは不動産投資の加熱を抑えるために改正されており、今ではその額を1千万香港ドルに引き上げている。こうでもしないと不動産価格はどんどん高騰し、香港の人が住むことができなくなる可能性があるからだ。

香港はまた、地理的に東南アジアと東アジアを結ぶ中間点にあり、アジア各国と中国の双方から financing（資金調達）面での窓口というか、金融拠点として活況を呈している。

中国本土の企業が香港に上場したい場合、欧米系の証券会社や専門家が集まっているのも利点。資金を調達しやすく、その際の税率も低い。法人税率も16・5％で日本の基本税率25・5％より低い。個人所得税は15％までで、日本の最高40％よりも低い。配当や利息は全部免税。これが世界各国から投資家や事業家が集まってくる理由

香港の金融街を象徴するHSBC（香港上海銀行）香港本店ビル（右）。左は長江センタービル

だ。

　このほか第三国との地域間取引で発生した収入も課税対象外。

　また、日本で２０１２年１月１日に発効した日本―香港租税協定が２年前に結ばれたことも大きな利点だ。この租税協定改定は余り知られていないが、これで例えば中国から日本へ配当する場合の源泉徴収税率も大きく引き下げることができるようになった。

　香港では配当は免税だが、例えば、日本企業が中国本土で商売をする場合、香港の子会社経由で孫会社を中国本土の上海などにつくり、その孫会社から香港経由で日本に配当を送る場合、源泉徴収税率が半分になるというもの。中国から日本に配当する場合、通常は中国で源泉徴収税率10％が掛かる。これを香港に実体がある日本の子会社がやれば、申請すると5％還付される。香港から日本に配当するときは税率ゼロのまま。このための子会社・孫会社を香港に作る場合、日本企業の出資比率は最小25％で済む。

この措置のお陰で香港では「臨時の国際ヘッドクォーターがどんどん設立される動きが広がっている」（公認会計士の葉振基氏）。

このように香港では、政府の柔軟な政策措置が経済を活性化させている。

いずれにしてもダイナムＪＨはこうした経済活性化策を取っている市場に今回、株式上場を果たした。

ＩＦＲＳ（国際会計基準）で業績開示

香港証券取引所が上場する会社に何を最も求めているか。それは第一には投資家保護の姿勢が全社的に徹底しているかどうかだ。

香港証券取引所に日本企業が上場する場合、財務・決算書類は全て、日本の会計基準からＩＦＲＳ（国際会計基準）に書き換えなくてはならない。ダイナムＪＨは約半年間の作業期間内で過去3年分の決算の書き換えを行わなければならなかった。その全てが今回の５００ページ以上に及ぶ上場目論見書に反映されている。

決算をどういう形で開示するのが投資家にとってわかりやすいか？　結局、業態別に業績開示していくことになり、ダイナムＪＨのグループは今回、３つの業態に分類されることになった。その分類も、英語表記で投資家にも分かりやすいように工夫されている。

Traditional, Yuttari Kan（ゆったり館）, Shinrai no Mori（信頼の森）である。Traditional は1玉＝4円の伝統的なパチンコ店、あとの2業態が1玉＝１円のいわゆる「低玉貸し」店である。

低玉貸し店とは、一時期、「フィーバー」などの客単価の高い機械で射倖心を煽りすぎた反省として、大衆娯楽としての原点を取り戻すべく２０００年代中頃から業界で導入が始まった業態で、ダイナムは現在、業界で最も低貸し玉店の比率が高い。

ちなみに２０１２年3月期で全３５５店の内訳は、Traditional が１７６店（全体の49・６％）、Yuttari Kan が１３５店（同38・０％）、Shinrai no Mori が44店（同

12・4%）となっている。

もちろん、今後も、ダイナムJHは、国際会計基準での業績開示を続けていく必要がある。今後も業態ごとに店舗数とともに業績が開示される。

業界独特の用語を英語にしたことも、今回のダイナムの上場目論見書の画期的な点だ。

日本でこれまでパチンコ店の売上げとされていたものは、gross pay-insと呼んでいる。これは「総貸玉」の数字であって、国際会計基準では売上げとは認められなくなった。玉が最終的に景品に替えられるまでは、その玉は、お店側にとっては言ってみれば、お客さんからお店がお金を借りている形になるからだ。これに対して、景品（特殊景品を含む）による支出をgross payoutsと呼んでいる。ちなみに3店方式のシステムで換金性のある特殊景品のことをG-prizesと呼び、一般の景品をgeneral prizesと呼ぶ。

総貸玉から景品の支出を引いた差額が国際会計基準で言う売上げ（revenue）となる。

それによって出された損益計算書では、2012年3月期は売上高1650億78

００万円（前年同期は１６９６億３７００万円）、営業利益３０２億３７００万円（同３０６億１３００万円）、税引前利益２８４億４００万円（同２８４億７６００万円）。税引後の当期利益は１５８億９８００万円（同１６１億９１００万円）であった。

バランスシートを見ると、２０１２年３月期は非流動資産１１９５億９０００万円、流動資産３６８億７１００万円、流動負債３３３億８４００万円、非流動負債２９６億３０００万円、純資産は９３４億７４００万円であった。

ダイナムＪＨの傘下にある連結対象は11社。このうちパチンコホール会社はダイナムを始め４社ある。このホール４社の売上げ合算がダイナムＪＨの売上高を構成している。

上場審査委員会

香港証券取引所の上場審査委員会には約30人の公認会計士、弁護士、証券のプロの人たち、学者の名前が登録されている。

そこから1つの会社の審査に約10人の審査委員が編成される。10人は弁護士、会計士、証券の専門家などでバランス良く構成される。この10人は毎年、ほぼ半分が入れ替わる。30人の中でいつも同じチームにならないようにローテーションを行っている。1人の任期も3～4年程度と短い。

この約10人の審査委員が、上場申請のあった企業に対して、申請書類に疑問がある場合はとことん納得するまでは、何度もその申請企業に対して文書で質問することを繰り返す。

ダイナムJHのケースでは、例えばパチンコホール業界では一般的な換金システムである「3店方式」について、これは日本の国内法に照らしてどう解釈されているか？といったことや、「釘（の調整）」の問題は日本の国内法に照らして問題はないか？といった詳細なことにまで質問内容は及んだ。

特に今回は初めての日本企業ということで、日本の会社法と香港の会社法、それに香港証券取引所の規則などに照らして明確にしなくてはならない問題がたくさん出てきたために、回答する方も専門家の協力が不可欠となった。

このためダイナムJHの上場審査の過程では、それぞれの専門分野に詳しい法律専門家・弁護士との連携が非常に重要なポイントになった。

佐藤は「弁護士の先生方の力を抜きにしては今回の上場は全く不可能に近かった」と話している。

会社から提出された上場申請書類に対して10人の審査員が１人残らず、全ての疑問が解けるまで、繰り返し質問が行われる。それに対する回答は必ず行わなくてはならない。

ダイナムＪＨは２０１２年１月13日に上場申請書、いわゆる「エーワン申請」を香港証券取引所へ提出。以後全ての審査が完了する７月６日までの約半年間で、10数回に渡る英文での質問がダイナムＪＨ側に届けられた。

それに対してダイナムＪＨは英文文書で回答を行う必要があった。

回答は会社が考えるのではなく、それぞれ専門の会計士、弁護士、幹事証券会社が行う。その回答には署名をきちんと入れ、回答に対する責任所在を明らかにしなくてはならない。

香港証券取引所では通常、この過程は申請から２～４カ月で終了すると言われている。

しかしダイナムＪＨの場合、パチンコホール業界の日本におけるネガティブな風評がネットなどを通じて香港にも伝え聞かれていたため、その風評に対する疑問を一つ一つ全て払拭して、クリアにするまでに約半年かかることになった。

また、日本法と香港法の違い、会社法の違いの壁も大きかった。このため、ダイナムＪＨは会社定款を日本法と香港法で両方クリアできるようにするため、定款のほぼ80％を書き換える作業も行った。この結果、ダイナムＪＨの定款はたいへん長いものに書き換えられた。

５３０ページに及ぶ目論見書

ダイナムＪＨは、香港証券取引所の上場審査委員会とのこのやりとりと同時並行しながら、一般の株主がダイナムＪＨを財務や営業、法律面など全ての切り口から見ることができる「目論見書」をまとめる作業を行っていった。目論見書は結局、全５３０ページに渡る膨大なものになった。

香港証券取引所の上場審査委員会とダイナムＪＨ側との質問・回答のやりとりの成

果は全て、この目論見書に反映されている。

目論見書は最終的に香港の弁護士が香港の上場目論見書の登記所に登記する。従って、この文面にはいかなる嘘、偽り、誤りがあってはならない。それぐらい目論見書は上場における生命線となる。

目論見書は基本的に公開されている。今回、５３０ページの目論見書を完成するまでには、十数回校正が行われた。最終的に取引所と公認会計士、スポンサー（幹事証券会社）、申請会社側がチームを組んでこれを完成させる。

香港では、目論見書に書かれている全ての文書は、その文書に対する裏付けがなくてはならない。従って目論見書を作るまでには、その目論見書の文書量のほぼ20倍分の参考資料が提出されることになる。

例えば、日本では役員の履歴書を出せばそれがそのまま目論見書に掲載される。しかし香港ではそうはいかない。上場する会社には国際的に様々な国から集まってきた人が役員に就いていることも多い。外国の大学を卒業したのなら、その大学の卒業証明書はもちろん、複数の会社を移ってきたのであれば、職歴ごとの過去の会社の在籍証明まで全て添付しなければならない。

また、市場環境予測を表現する文章などにおいても同じだ。例えば「パチンコ業界はこれから横ばいか、やり方によっては少し良くなる」といった表現をするならば、その裏付けとなる資料を提出しなくてはいけない。そのためには専門の調査機関などに依頼して100～150ページに渡るレポートを作成してもらい、目論見書にはそこから抜粋して掲載する作業も必要になる。そしてこうしたレポートの元資料も全て、取引所には提出されている。

従って全ての書類を合計すると、その文書量はダイナムＪＨの場合、１万ページにも及ぶものとなった。しかもこの文書の全てを、ダイナムＪＨの場合は、英訳をして提出しなくてはならなかった。

上場ヒアリング

これらの一連の作業が終わり、最終的に10人の上場審査委員全てがその提出書類の内容に納得ができた後に、最後の関門となるのが、いわゆる「上場ヒアリング」である。

香港証券取引所では毎週木曜日にヒアリングが行われている。

一般的には上場か否かの決定はその翌日には明らかになる。ヒアリングは香港証券取引所の上層部の上位5氏に対して、当該会社の審査を行っている上場審査部の審査委員がプレゼンテーションを行う場である。

ヒアリングでは、審査委員はどの上層部の人からのどんな質問に対しても、その場で的確に答えらなければならない。ここで上層部からの質問に答えられない場合は、上場申請が却下される場合もあるからだ。

このように香港では上場か否かの判断は1人の意思では左右されない。10人の専門家がチームを組み、納得がいくまで何カ月もかけて討議をし、文書でやりとりをして全ての資料をその証拠として残し、なおかつ最後に1日ヒアリングの形で上層部の決裁を仰いで、初めて上場が認可される。

リーガルオピニオン

香港証券取引所上場審査部の審査委員たちは当然、日本の法律に明るいわけではない。そのため企業からの上場申請に際して、申請書類の中に何か疑問点が出てきた場合は、その都度、その疑問点が雲一つ無く晴らされるまで何度も、当該申請企業に対して質問を行っていく。

法律的な問題が絡む場合は、その分野の法律専門家の見解を添える必要がある。その分野の法律専門家の見解を入れ、さらにはその見解がその法律専門家が行ったものであることに相違ないという確認のためのサインを添えて、回答をしなくてはならない。

申請企業とのやりとりに関してはそこまで真剣に香港証券取引所は上場前の審査で行っている。それらのやりとりの結果が目論見書には全て、反映されている。

これは投資家保護を第一義として、投資家に対してその企業に関する情報を余すことなく提供するために行われている。

今回の上場作業では、ダイナムＪＨは香港と日本の併せて7つの法律事務所と契約し、必要な法律的アドバイスを得た。

Baker & Mckenzie（香港・日本）、Deacons（香港）、Ropes & Gray LLP（香港）、曾我法律事務所、西村あさひ法律事務所、三堀法律事務所、DLA Piper 東京パートナーシップ外国法共同事業法律事務所の７カ所である。

法的な解釈が必要となる記述では、それら専門の法律家の見解が必ず反映されている。

日本の警察庁は２００３年６月、当時の与党である自由民主党の国会議員で構成される「国際観光産業としてのカジノを考える議員連盟」から出された「パチンコは刑法１８５条の賭博に該当しないのか？　該当しないのであればその理由は何か」という内容の質問に対して、「風営法（現風適法）で認められた範囲内において営まれているパチンコ営業者については、賭博罪に当たる行為を行っているとの評価を受けることはないものと考えている」という趣旨の回答をしている。

目論見書では、１２４ページ目で「日本の刑法（Penal Code of Japan）」という標題のもとで、かなり詳細に渡ってこのことについて記述している。

このときの警察庁の回答を踏まえながら、日本の法律専門家は、「風適法（Amusement Business Law）に基づく有効な営業許可を持ち、景品をその営業許可の範囲内で提供するパチンコ営業所の営業は、刑法上禁止されている賭博には該当しない」と、明確に述べている。

いわゆる「3店方式」の下で行われている、お客さんが行う景品の換金行為についても、この目論見書では125ページから128ページの4ページを割いて詳細に記述している。

このように海外からは理解されにくい3店方式の細部にわたる仕組みに対しても、日本の法律関係者の見解をもとに、目論見書には丁寧に記載されている。

これについても、先の議員連盟に対する2003年6月の警察庁の回答を踏まえながら、「パチンコ店営業者と無関係な第三者が顧客から景品を購入することは禁止されておらず、いわゆる3店方式の下で遂行されるパチンコ事業は風営法（現風適法）に違反しない」と明確に述べている。

このように香港では、例えば法律的な問題があれば、その問題となっている分野に詳しい法律の専門家の見解、すなわち「リーガルオピニオン」を必ず得ることが、当然のこととして行われている。

そうした見解を勘案し、投資家保護上問題がないと取引所上層部が判断して初めて上場は認可される。そうした手続を踏んで今回、ダイナムJHの上場は認可された。

日本の証券取引所では触れようとさえしなかったことを、海外の証券取引所は侃々諤々のやり取りをしながら世界で初めて行った。

日本の証券取引所は真摯にこのことを再考する必要があるのではないか。

日本の警察の見解

パチンコ業界に対する日本の警察庁の見解は、香港証券取引所が３店方式などの換金システムが日本の法律に照らした場合に適法かどうかを判断する上で、かなり重視したことが伝えられている。

その見解を示した言質を得ることができるのは、２００２年６月６日に当時の警察庁担当課長が社団法人日本遊技関連事業協会（日遊協）で行った講話。

このときの発言内容には、これ以降、パチンコホールの各社が株式上場への取り組みを行っていく上で各社を勇気づけることになった部分が含まれている。その部分を以下に抜粋する。


――「株式を公開すべきかどうかは、証券取引所等による株式上場の基準に基づ――

く審査によって判断されるべきものであります。しかしながら、あえて一般論として申し上げれば、株式が公開されることにより、健全な企業としての一定の社会的評価を受け、これがひいてはぱちんこ営業の業務の適正化を推進し、営業の健全化に資するものと考えられます。……（中略）……

なお、一部には、警察の対応が株式公開の足かせとなっているとのご懸念があるようです。しかしながら、風営法で禁止されているのは営業者が客に現金を提供することや客に提供した景品を直接買い取ることなどであり、こうした行為あるいはこうした行為と同視しうるような行為については、当然警察としても取締りの対象として捉えていくことになりますが、これはあくまで個々の企業ごとの問題であり、例えば一営業者がこのような違反を犯したからといって、業界全体がグレーと見られるものでは決してないものであると考えております。このことは関係方面からの問い合わせに対してもこの旨説明申し上げているところであります」

（『遊技ジャーナル』平成14年6月号より）

３店方式に関しては、最近でもメディアの論調は「グレー」との表現が飛び交っている。実際は、日本では専門の法律家によって一度たりともこれが掘り下げて議論されたことはない。

「（グレーというのは）風評なのです。日本で法的に掘り下げたことは一度もありません。香港ではやってくれました」と、ダイナムＪＨ社長の佐藤は香港証券取引所の関係者に感謝の念を隠さない。

投資家保護の原則

香港証券取引所の規則は、ある意味で世界の証券取引所の中でもたいへん厳しい内容だとされている。

それは香港では「株主一人一人の権利を尊重、重視する考えが全ての基本にあるから」（香港の証券取引に詳しい法曹関係者）とされている。

全ての株主を公平、均等に扱うために、例えば、保有株式がたとえ一株であっても、その株主に対する総会での発言権を確保しなくてはいけない。

また例えば、会社側が会社の将来について取引所を介していないところで勝手に発言することは厳しく規制されている。

会社の重要情報を最初に発表するところは、香港証券取引所のＷＥＢサイトの当該企業の画面上でなくてはならない。それが全ての株主に対して、公平に情報を行き渡らせられる最良の手段だからだ。

全ての株主に対して公平、均等に情報が行き渡るという考えの下に、今回、ダイナムＪＨの上場作業も秘密裏に行われてきた。

だが、どうしても地元メディアには様々なルートを通じて上場予定会社の情報は漏れる。そのために上場前に新聞報道がされることがよくある。

ダイナムＪＨの場合もそんなことが2回あった。ダイナムＪＨはその都度、取引所から「なぜこの情報が漏れたのか？」「どういう経緯があったのか？」「この対策はどうするのか？」という質問が来て回答を求められた。取引所から質問が来たら、その翌日までに文書で回答しなくてはならない。

それぐらい、全ての株主に対して公平に扱うことが香港では求められる。

言葉と風土の違いを乗り越え

２０１１年8月17日頃から、香港の大手公認会計士事務所であるＲＳＭネルソンウィーラーが30人ほどのチームを組んで、３カ月ぐらい日本に滞在して、ダイナムの過去の伝票、領収書、決算を全て洗い出し、約４カ月間かけてＩＦＩＲＳ（国際会計基準）への組み替え作業を行った。

ＩＦＩＲＳへ決算を組み替えた上で、過去３カ年分の決算を追認する作業を行っている。これで２０１２年１月13日には、財務関係書類として同法人からのサインを得た書類を、香港証券取引所へ提出することができた。日本では考えられない速さの作業だ。

これらの一連の作業で、最も大きな労力を要したのはやはり翻訳だった。全ての文書について、日本語から英語に翻訳しなくてはいけなかった。取引先との契約書一つとってもその作業が必要だった。これら全てを含めると、その翻訳量は膨大なものとなった。

ダイナムＪＨでは、翻訳作業には、派遣社員なども含めて社内で８人体制を敷いた。それでも間に合わないため、翻訳作業を受託で行っている宝印刷に外注先として協力してもらった。上場後も翻訳作業は必要になる。国際化時代には、こうした作業は当たり前になる。避けては通れない難関だ。

香港上場での１年間の作業を通じて、佐藤は「香港では少なくとも、上場を申請すれば、それは法的には申請を受け付けなくてはいけない。業種で差別して受付を拒否することはありえない。そのことを強く感じました」と感想を述べる。

ところが、日本では、法的な解釈の論議が行われる以前に、文書での通達も何もないままに上場申請すら受け付けられない。その受け付けられない理由も今もってはっきり語られない。

なぜ日本の証券取引所は正々堂々と申請を受け付けて、法律の専門家や会計の専門家がチームを組み、あらゆる問題を洗いざらい組上に乗せ、テーブルの上できちんと議論を尽くすことをしないのか？

その上で、こういう理由だから申請は受け付けられない、ということならばそれは上場申請者からも納得してもらえるだろう。香港のケースと比べた場合、日本は明らかに、国際的なやり方からずれている。この日本独特の曖昧なままにしておくやり方は、グローバリゼーションが進む今、いずれ是正せざるを得ないだろうが、果たしていつのことになるのか。

グローバルオファリング

日本では、上場作業は大手の証券会社が全てを行ってくれる。弁護士や会計士、法的問題や目論見書の作成まで何でもやってくれる。しかし香港はやり方が違う。幹事証券、法律専門家、それぞれに役割が分担され、法律専門家も会社側と幹事証券（香港ではスポンサーと言う）側に分かれる。それぞれに契約を行わなくてはいけない。それらの専門家が全て、協力をしながら最終的に目論見書を作成していく。すべての契約会社のハンドリングは証券会社ではなく上場する当該会社が行わなくてはならない。

この点一つをとっても、香港の上場は日本以上に関門が厳しいと言える。日本で上場する以上の大きな労力も要する。

ダイナムJHが、香港で弁護士や会計士のオフィスを入れて契約した企業は、27社にのぼった。

そして申請書類が提出され、審査に通ればすぐに上場ができる、というわけでもない。香港では日本のように、大手の証券会社が全ての株式発行を引き受け、上場後の株式消化を図っていく、といった仕組みはない。

だから香港では、大手の投資家に自社株を売るために、株式を発行する会社側が一生懸命、2週間ぐらい掛けて世界をかけずり回りながら、投資家に直接会って交渉をする「ロードショー」という行事を行わなくてはならない。

ここで会社のトップが、一人でも多くのファンドマネージャーや投資顧問会社、機関投資家と直接会って、会社を売り込む必要がある。

こうして約90％の株式は、香港以外のところで捌かれるのが普通だ。これを「グローバルオファリング」といい、これが決まらない限り、上場は実質的に不可能ということになる。残り約一割は香港市場で小口に公募される。

2012年に入って、欧州危機や新興国の経済減速が顕著になってきた。その影響で、世界のマーケットはたいへん厳しい状況が続いている。日本の証券界でも、香港の証券会社でも、ダイナムのＩＰＯは延期せざるを得ないのではないか、と言われていた。現に、香港でも審査は通ったが上場できずに延期した会社が２０１２年だけでも約20社はあるといわれる。

幸いダイナムＪＨは、全ての株を消化でき、上場が可能となった。「これはたいへん、ラッキーなことでした」と佐藤は振り返る。

だがしかし幸運の星は何もないところには簡単には輝かない。佐藤はこれまで、さまざまな壁を乗り越え、そのための努力をしてきた。日本国内でのバブル経済崩壊後の中で、地に足をつけて全国規模でチェーン展開を行ってきたこと、またリーマンショック後の経済減速下で体質改善を行い、パチンコホール経営改革で先陣を走ってきた実績を市場も評価した。幸運の星はそういうところに輝く。

そのことを今回のダイナムＪＨの上場は分からせてくれる。

時代の流れ、時代の要請

今回、ダイナムＪＨが香港で上場できたのは、時代の流れということも感じさせる。

香港証券取引所は、2010年に上場を受け付ける対象企業の所在国・地域を変更し、欧米日本を含む20カ国・地域に拡大している。それまでは香港、中国、ケイマン諸島、バミューダ島の4地域・国だけに対象企業の所在国・地域を限っていた。

この制度改正によって、香港市場にはこれまでにコーチ、プラダ、サムソナイトなどの著名ブランド企業が続々と上場を果たしている。

香港市場は海外に門戸を広く開くことで、一層の国際化を推進している途上にある。香港市場に上場を考えている中国・香港以外の海外企業の場合、たとえその事業基盤がその企業が属する本国にしかないような典型的なドメスティック企業であっても、それがその国において有力な企業であれば、香港はどんどん上場を受け付ける、というスタンスである。

このように、国際化の進展という時代の流れは国と企業の関係をもグローバリゼーションにふさわしい形で大きく変えていく。典型的な日本の内需産業であるダイナムJHの香港上場が実現したことがその証左である。

そしてもう一つ、ダイナムJHの香港上場で大きかったのが、日本の警察庁のスタンスである。

パチンコホール業界の所管は、警察庁である。日本国内では、監督官庁たる警察庁が、ホール営業に係る全ての法的解釈を一元的に行っている。

今からちょうど10年前の2002年6月6日、警察庁の担当課長であった勝浦俊行・警察庁生活環境課長（当時）は、社団法人日本遊技関連事業協会（日遊協）総会で「ぱちんこ行政の今後と業界健全化の方向性」と題した講話を行った。その中で、一般論と断った上で、パチンコホール企業の株式公開は「業務の適正化を推進し、営業の健全性に資するものと考えられます」と発言している。このときの警察庁生活環境課長の発言は、上場を目指す心あるホール各社をたいへん勇気づけ、今日に至っている。

またこの時の講話では、生活環境課長は上場問題と絡めて「一営業者が違反を犯したからといって、そのことによって、業界全体がグレーと見られるものでは決してない」として、パチンコホールの換金問題についても極めて重要な言及を行っている。

すなわち警察が摘発を行うのは、あくまでホールによる来店客に対する直接の現金提供、景品の買取等といった風営法（現在では風適法）違反事例であることをここで明言している。これは〝3店方式〟に代表される現行の換金システム自体には違法性がないことを逆に示したものと言える。こうした警察庁のスタンスは首尾一貫しており、現在も変わりはない。

香港証券取引所がダイナムＪＨの上場審査をする際に、こうした警察庁のスタンスを重視し、考慮したといわれる。

グローバリゼーションによって企業が海外との結び付きを深めるという時代の流れや監督官庁のスタンスなどもあって、ダイナムＪＨの香港上場が実現できたとも言えよう。

もっと大事なことは、そのこと以上に、全てのパチンコホールの運営会社がより一層、社会的な存在になることだ、とダイナムＪＨ社長の佐藤は今や、自らの株式上場をきっかけに思いを新たにしている。

「社会に対してディスクロージャーをし、風通しの良い企業が出てくること。パブリック・カンパニーがこの業界にも出てきて、そのことでさらに社会との調和、社会において安定した事業を担っていく。そうした営みを始めなさい、という『天のとき』なのかな、と考えています」と佐藤は語り、「社会の役に立つ」という気持ちで今後も業界の仲間たちと共に歩み、社会に貢献できる業界の足元を固めていきたいとしている。

第3章

香港市場関係者に直撃インタビュー

幹事証券、法律事務所、監査法人

これまで、ダイナムJH社長・佐藤の株式上場にかけた思いと同グループ関係者の目標実現へ向ける努力を記してきた。

では、同社の香港上場に関わった現地の幹事証券、法律事務所、監査法人のトップたちはどう考え、どう行動したのだろうか。

ダイナムJH香港上場で重要な役割を果たした外部の証券業務や法律、会計などの専門会社は先述のように全部合わせると内外で27社になった。

日本企業で初めて、またパチンコホール専業企業として世界で初めてとなるダイナムJHの株式上場を実現したのは、彼らの力によるところが大きかった。

事実、今回の上場は内外27社もの協力があってこそ、晴れの上場に漕ぎ着けることができた、とダイナムJH社長・佐藤は感謝の意を何度も述べている。

それら27社を代表して以下、香港の幹事証券、法律事務所、監査法人の5社に直撃インタビューした。

インタビューに登場してもらった各氏は、それぞれの分野で香港での第一人者で、香港証券取引所の上場審査委員会のメンバーであった人も含まれている。

普段、日本ではあまり聞くことができない話もあり、本項ではできる限り多くの部分を掲載した。

インタビューはいずれも、上場前にもちろん掲載できないため、上場が実現した後に掲載するという条件の下、上場前に行われた。

申銀萬國融資（香港）の３氏（左から葉 書瑋、呉 啓謙、朱 達文の各経理）

申銀萬國融資（香港）財務部門の幹部３人（葉 書瑋、呉 啓謙、朱 達文）へのインタビュー

「香港市場は日本企業の上場を歓迎している」

――中銀萬國融資の概要について、例えば主な業務や規模等について開示できる範囲で説明して下さい。

申銀　申銀萬國融資（香港）の主たる業務は、ＩＰＯ（株式公開）や一般的な証券発行の引受業務およびそれに付随する業務、ならびにＭ＆Ａや専門的なアドバイザリー業務です。

当社の親会社である申銀萬國（香港）は

ホールディングス会社として香港で上場しています（証券コード：218）。当社グループには申銀萬國証券（香港）があり、主たる業務は投資銀行業務と、証券売買などのいわゆるブローカー業務、ならびにアセットマネジメント（資産運用）業務です。当社グループは香港、シンガポール、日本、韓国に拠点を設けており、400名以上の社員がいます。総資産は2011年末時点で約33億香港ドル、約330億円に上ります。

――強み、特色は？

申銀　当社の親会社、申銀萬國（香港）のさらに親会社は、本社が中国の上海にあり、中国本土における大手証券会社の1社です。そのため、中国では知名度が高く、中国企業の引受業務に強いという特色があります。

――香港の株式市場の現状を簡単に説明して下さい。

申銀　3人の見方をまとめると、香港は国際金融マーケットであり、金融センターです。そのために外部要因、特に欧米市場からの影響を受けることが多い。直近では欧州の債務危機の問題が、市場に影響を与えています。従って、今後、マーケットがよくなるか、悪くなるかというのは、非常に見通しにくいというのが現状です。

これまで香港では、過去において、中国の著名な企業が、どんどん上場してきましたが、当時の投資家はどんな銘柄でも買っていました。ところが、その後、欧州危機などの影響もあって、業績面などで悪材料が出てきたために最近の投資家は慎重になっていることから、香港ハンセン指数は20，000ポイント前後で推移しています。

――アジア各地で活動している立場で、日本経済をどう見ているか少し聞かせください。

申銀　基本的に日本はやはり製造業が主体となって経済をけん引していると思います。製造業は為替の影響を受けます。為替相場が1ドル＝120円から70円、80円台で推移している中で、輸出産業がかなり影響を受けています。ただし、円高で安い素材や原料を海外から安く調達することが可能です。昨年の東日本大震災の影響を受け、その後の復興で、社会インフラ作りなどの需要は喚起され、再び日本は成長を取り戻すと思います。

――ではダイナム上場について伺います。日本企業が香港市場に上場するのはまだまだレアケースですが、どう見ていますか？

申銀　一般論として日本企業について申し上げますと、香港は海外企業の香港上場を誘致しており、歓迎しています。ただし問題となるのは、投資家の保護です。投資家の権益を守ること、そのためには企業経営の透明性が重要です。そのためには、例えば、株券の決済、証券決済のところでの制度間の調整、整備をもっと進めなければいけない。

香港では２０１０年に規則を改正して、日本企業の上場が可能になりました。ただ、問題になったのはやはり、上場規則、先ほど申し上げた株券決済の問題、法的な問題、例えば香港の会社法と日本の会社法が異なること。香港の会計基準と日本の会計基準が違うこと。こういった制度の違いが解決されていけば、ますます日本企業が香港に上場しやすくなってくるのではないかと思います。

「言葉の障壁でやはり時間がかかった」

――日本企業ではＳＢＩホールディングスがもうすでに香港に上場していますね。

申銀　ＳＢＩの場合は東京市場に上場しているので、香港はセカンダリー上場になっています。プライマリー上場として、もしダイナムが上場することになれば、第一号の日本企業ということになります。

――では香港の株式市場ですが、年間どのくらいの上場がありますか。退場する企業もあると思いますが。

申銀　２０１１年の実績で約70社です。上場廃止についての正確な数字は把握していません。

――そのうち、昨年、貴社が出掛けた会社数は？

申銀　当社は資本市場およびＭ＆Ａに関するお客さまのサポートを専門としています。香港証券取引所への上場、プライマリーおよびセカンダリー市場での資金調達において多くの企業をサポートしてきました。２０１１年に、当社はスポンサー（主幹事証券）、アンダーライター（株式引き受け業務）として4件のＩＰＯ実績があります。２０１２年上半期においては、5件のＩＰＯ案件にアンダーライターとして参加しています。また、これまでに、多くのＭ＆Ａ案件においても助言してきた実績があります。

――去年の70社というのは最近の傾向でいくと少ないのですか？

申銀　去年は上場延期や中止した会社が多かったことから、その前年は70社以上よりも多かったと思います。

――日本企業で初めての上場を引受け、苦労した点も多いと思いますが。

申銀　やはり言葉の問題です。その他のことについてはまったく、香港や中国の上場予定の会社と変わらないと思います。言葉の障壁が一番大きく、作業には時間がかかります。

――香港市場は日本より取引時間が長く、非常に活気がありますね。国際的にも開かれ、内外から投資が行われ、アジアの金融センターになりつつある。日本企業に向けたメッセージを下さい。

申銀　もちろん日本の経済と香港の経済構造は異なります。日本は製造業が非常に強い国であり、香港は金融とサービスを中心とするマーケットです。日本は製造業中心の技術のある国なので、いずれはまた経済がよくなると思います。

そういう中でも、日本企業にはどんどん香港マーケットに上場してきてほしい。われわれはみな非常に歓迎しています。

――中国本土の経済状況についてはどう見ていますか。

申銀　基本的に大きな変化はないでしょう。今年は中国共産党大会が開かれ総書記などリーダーが変わるので、大きな変化を望んでいません。中国経済は現在、以前よりも少しスローダウンしているのは事実ですが、そうはいってもこれまでに製造業が立ち上がり輸出基地として潤ってきましたが、その後、大きな消費市場として成長発展してきており、内需開発と共に現在ではサービス業が潤っています。10年後は場合によってはアメリカ経済をしのぐぐらい大きな経済大国になっているかも知れません。

――その中で今回、プライマリー上場として日本企業としては第一号上場となるダイナムの上場が成功すれば期待は大きいですね。

申銀　香港にもいい影響を与えるし、間違いなく今回のダイナムの香港上場は日本にも変化をもたらすと思います。

Deacons 法律事務所パートナー Ronny Chow 氏インタビュー

「証券登記や税務等の法制度で日本との概念の違いに頭を悩ました」

Ronny Chow Deacons パートナー

――Deacons 法律事務所について簡単に教えて下さい。

Ronny　ご了解されているかもしれませんけれども、私どもディーコンズは、香港におきまして独立系の事務所の中では一番古く一番大きな法律事務所となっておりまして、設立されてから160年ぐらいたっております。一番古い歴史を誇っております。

――独立系という意味を教えて下

さい。逆に独立系ではないところもあるということですか。

Ronny　そうですね。独立系といいますのは、私共の場合、香港で設立されて香港を本部とした事務所、ということです。

（アシスタント）　ちょっとこの発言に補足させていただきますと、非独立系と括られるところは、イギリスとかアメリカに本部があり、世界各地に事務所を構えているようなところが非独立系というような意味だと思います。

Ronny　私どもはフル・サービス、つまり、いかなる分野の法律に関わる業務に対しても対応させていただける法律事務所となっております。

私どもは大きく分けて五つの部門に分かれています。一つ目はコマーシャル＝一般商事部門、二つ目が訴訟部門、三つ目が知的財産部門、四つ目が不動産および建設業に関する部門、五つ目がファイナンスおよび銀行業に関する部門で、これが五つの大きな部門です。

一般商事部門が、私どもの事務所では一番大きな部門になっています。この一般商事部門の下にまた細かく部署が分かれております。

まずはコーポレートファイナンス、つまり私が所属する部門。二つ目はファイナンシャルサービスグループといいまして、ファンドの設立などを担当しています。また、チャイナプラクティスグループ＝中国部門というグループもあります。チャイナプラクティスグループに関しては、私ども中国本土に三つ事務所がありまして、北京、上海、広州に事務所を持っています。

香港の法律事務所で、中国本土に三カ所事務所を持っている事務所というのは私どもだけだと自負しています。それと、日系企業さんをアシストするジャパン・サービス・グループはこの商事部門の中に入っています。香港における法律事務所で、ジャパン・サービス・グループとして、しっかりと日系企業に対して対応させていただけるセクションがあるのは非常に少ないと思っています。

それから、雇用に関係するグループも、一般商事のグループも、この商事部門の中に入っております。

コーポレートファイナンスのセクションに関しましては、コーポレートファイナンスに関するすべての業務に対応させていただいています。例を挙げますと、上場前の投資に関する件であるとか、それから組織再編のことにも及びます。もちろん、上場に関する業務、企業の合併、上場後の法令遵守に関する業務も対応させていただいております。それから、二次上場、プライベート・エクイティにも対応させていただいております。

私どものコーポレートファイナンスのクライアントの中には、非常に有名な上場企業も入っております。中には、投資銀行さんであるとか、金融業の方々及び中国の企業さんからも、クライアントとしてご依頼いただいております。その中には、ダイナムさんのように初めての上場で、上場業務に関してはあまり慣れていらっしゃらないクライアントさんも、もちろんいらっしゃいます。例えば、同様に、ドイツの企業さんや、ロシアの企業さんなどにも業務を提供させていただいております。

手前味噌で恐縮ですけれども、私どものコーポレートファイナンス部門の強みは、複雑かつ難しい上場案件なども手掛けさせていただいていることだと思います。

さらに手前味噌になりますが、香港のＩＰＯでは、私どもは積極的に動いていると思っています。

上場業務に関して多く経験させていただいていることより、例えば、考えられる質問を予測して、事前に対応させていただくことで、クライアントのお役に立っていると思っています。

私自身のことを申し上げますと、私はコーポレートファイナンスグループのトップとしてチーム全体を率いておりまして、ディーコンズには約20年ほどおります。私どもは、上場に関する出版関係の方々から、この件に関してはリーダー的な存在だと言っていただいております。

――難しい案件を手掛けられているというのは、やはり実績があるからだと思いますが、具体的にどういう難しい案件が来られるのか、可能な限り教えて下さい。

Ronny　では、できる限りさせていただきますが、やはり私ども守秘義務がございますので、それを越えてお伝えすることはできないことをご了解いただいきたいと思います。

そうですね、複雑、難しい経験ということで、もし、ダイナムさんにご了解を得られれば、そのお話しをします。

今までに、日本の会社で香港の証券取引市場で上場した会社というのは、１社しかございません。それはＳＢＩホールディングスさんです。ＳＢＩさんの場合は、既に東京の一部に上場されている企業です。つまり、香港では二次上場（セカンダリー）ということで預託証券なんですね。香港預託証券、ＨＤＲと言っていますが、香港預託証券というかたちで上場をしています。

香港証券市場で初めて、要は新規上場に他のどこの証券取引所にも上場しないで香港が初めてというケースで、日本企業さんというのは今までございませんでした。

数年前から、香港証券取引所は徐々に香港以外の国、地域で設立された企業さんの上場というのを受け入れ始めています。最近で例を挙げると、イタリアのプラダさんが香港に上場されています。あと、ロクシタンという自然派の化粧会社があり、これはルクセンブルクに設立された会社ですが、こちらも香港に上場いたしました。

香港市場で上場することに関して、香港証券取引所が主に重点を置いているのは、投資家の保護なんですね。海外で設立された会社が香港市場に上場したいという場合には、例えば、その会社の定款であるとか規定が、少数の株主に対しての保護がきちんとなされているかどうか、ということが重要なポイントになります。

―― 投資家への保護がきちんと果たされる経営になっているかどうかということですね。

Ronny はい、そうです。この投資家保護に関しましては、実際にどういうことかといいますと、香港の弁護士とその会社が設立された国の弁護士が、共に仕事をいたしまして、香港と日本の両方の法律の観点から、投資家の保護についてどうしていくかを一緒に進めていくことになります。ダイナムさんの場合は、日本の曽我法律事務所さんが担当されています。

香港の法制度について少しお話しさせていただきますと、香港の法システムは植民地時代にさかのぼりますので、やはりイギリスの法律のシステムに沿っているところが多いと思います。ダイナムさんの場合は、日本で設立された法人です。日本の法律は香港の法律とはかなり異なります。

香港における法的なコンセプトというのは、日本の法律にはないことが多々ございます。例えば、香港の上場会社の場合は「ライツ・イシュー」というのがありまして、このライツは権利の意味ですけれども、ライツ・イシューというコンセプトは、日本の法律にはありません。このような違いがあるので、私どもディーコンズの仕事のひとつは、このような香港と日本の法律の違いをどう乗り越え、解決をしていくか、日本の弁護士事務所さんと一緒に作業を進めていくことになります。

このような法律の違いを解決していく作業に関しましては、大変時間がかかる作業となっております。

なぜかと言うと、このポイントに関しては、会社さん、それから会社さんの日本の弁護士さん、スポンサー、それからスポンサーの弁護士、それから案件に係わる方々と連絡を取りながら進めていかないといけないからです。

―― 具体的には？

Ronny 例えば、香港におけるリーガルコンセプトの中には、投資家を守る点に関しても、実際に行わなければならない実務があります。法律の解釈だけではなくて。例えば、株券の登記。株券を特にきちんと登記簿のようなかたちで管理している会社をレジストラーといいますが、そこで行わなければならない業務もあります。

日本では、株式の台帳管理というか株券の登記に関しては、株券に頼らないところがあるようですね。例えば、香港の場合は、株式の譲渡といった場合は必ず株券が関与します。特に、この株券登記に関する香港と日本の違いに関しては、非常に難しいものになっており、私どもと、香港証券取引所の間で、かなり話し合いが行われています。

―― このほかに、重要かつ難しいことでは？

Ronny ええ、もう一つ、提起させていただきたい点は、税務の問題です。どういうことかと言いますと、日本で設立された会社が香港で上場する場合の、株主の方々に対する課税の問題です。

この点に関する私どもの役目は、日本と香港の税制度の違いを認識して、それをはっきり目論見書の中に反映させることです。

その他いろいろ難しい点がありますが、いくつか挙げさせていただきます。ダイナムジャパンホールディングス（ダイナムＪＨ）さんのケースの場合は、社内の委員会がございまして、その委員会の規定の作成、委員会の規定の内容だとか、それから定時株主総会の開催時期の問題、それから配当をどう行っていくかという問題、それから会計基準の問題等々、挙げれば他にもございますが、主にこれらの難しさがあります。

まず、それとやはり、言葉の壁が非常に、何にも増してあります。私どもがダイナムＪＨさんにいろいろとアドバイスをさせていただく上で、日本語ができるスタッフがいるのといないのとでは、大きな差がありまして、やはり、いないと大変なことになります。幸いなことに、私どもの事務所では、プロジェクトチームとして、いま3人、日本語に対応できるスタッフがいます。ルーク・ラッセルという弁護士、パラリーガルのドリス・ハイおよび、ジャパン・プラクティス・アシスタントの安保裕恵《あんぼひろえ》です。この3人のスタッフが、このプロジェクトチームの中で日本語対応可能な者になります。

日本の企業としては初めての上場を香港で行うことで、すべてが複雑、かつ難しいことになると思います。他の事案に関してはここでは申し上げられないですが、ダイナムJHさんのようなケースを考えますと、私どもは、やはり一番お手伝いさせていただきやすいと自負しております。

「よりよい市場発展のために規定が変わることも」

――一般的に、日本企業に対してどう見ているか教えて下さい。

Ronny　個人的な意見として言わせていただければ、日本企業のIPOというのは、初めて承る案件です。上場に関わる質問は、香港証券取引所など管轄機関から来るのですけれども、その質問が非常に多く、非常に要求が高いのです。そのような質問に対応させていただくには、やはり、会社さんと非常に密接に連絡を取り合っていかないといけません。

業務を進めさせていただく上で、日本と香港の企業の文化的、それから概念的違いというのが非常に感じられます。例えば、関連会社間取引というのがありますが、初めて関連会社間取引に関する質問をさせていただいたときに、関連会社間取引とはどういうことを指すのか、どういう書類を準備したらいいのかというのは、初めはなかなかご理解いただけませんでした。これはダイナムＪＨさんに限ったことではなく、日本の企業に一般的に言えることなのではないかと思います。

香港証券取引所が取引を行っていく上での、香港の法的な考え方や概念というのは、やはり、日本の会社にとっては理解していただくことがかなりハードルの高いものではないかと思っています。ダイナムＪＨさんの上場チームには、非常に本当によく仕事をしていただいておりますが、やはり、会社からの反応を見ますと、なかなか香港の上場の管轄機関の求めているものが出てこないことがあります。

また、これは日本企業に一般的に言えることだと思いますが、日本企業は事前にすべて、きちんと予定を立てることをお求めになる傾向があると感じております。例えば、プロジェクトの初めに、今後このプロジェクトのプロセスの中で起こり得るすべての内容を、プロジェクトが始まる時点で把握をされたい、というご希望をお持ちの方が多いと思います。そのご要望に対応させていただくには、非常に難しさを感じます。

事前にすべてを把握するご希望に対応するのが難しいというのは、例えば、香港IPOのプロセスでいきますと、質問や問題点というのが業務プロセスを進めていく過程で出てくるからです。そういうことが多々ありますので、プロジェクト開始の時点ですべてを把握するのは非常に難しいと思います。

正直申し上げまして、私どもディーコンズは他の上場プロジェクトに関わった方々より、数カ月遅れてこのプロジェクトに参加させていただきました。ですから、プロジェクト全体の把握や、対応させていただく時間は非常に限られたものになっておりました。

文化の違いに加えて、今申し上げました事情もございまして、私どもの業務を遂行していく上で難しさの一因となっていると思います。

「世界で最も厳しい上場プロセス」

――よく一般的に米国と英国では上場や一般的な商取引に関してのレギュレーションの違いがあると言われますね。香港は英国流ということなので、イギリス流の文化、レギュレーションに近いということですか？

Ronny　ＩＰＯプロセスに限ってお話させていただければ、イギリスもアメリカのスタイルも、いずれも自己責任式のものになっていると思います。

例えば、目論見書に何を書きたいか、何を書くかということは会社さんの意向のように書いていけばいい。ただし、そこで何か問題が起こった場合には、政府から訴えられる、厳しく罰せられるというようなかたちですね。

一方、香港の上場プロセスに関しましては、世界で最も厳しく難しいと言われております。香港の上場に関する管轄機関は、上場申請の書類の審査のスタンダードが非常に高くなっています。これはなぜかという話になるんですけれども、香港が、世界の金融のセンターという地位を維持するためには、香港の上場管轄機関は、このような基準の高い審査を維持していく必要があるということです。

過去数年におきましては、香港は世界で一番の上場市場と言われております。香港証券取引所は、世界中で設立された魅力的な会社さんの上場を引き受けるということで、投資家に対しては、香港市場に投資すれば損をすることはないよ、ということを示す意図もあると思われます。

―― 時代の変化は実に激しいものがあります。そうした時代、環境変化に対して、香港証券取引所はどう対応し、運営されているのですか。

Ronny 香港証券取引所は独自の上場規定というのを規定していますが、これは法律ではないのですね。

この上場規定は、あくまでも規定であって、上場する予定の会社、上場中の会社で、その会社の株主、取締役、その他関係者に対して規定付けられるものです。

この規定は頻繁に変わります。

上場規定が頻繁に変わるのはどうしてかというと、やはり証券市場そのものを発展させるために、常にいろいろな他の国の証券市場を見て、見習っている部分があるからです。それを元に、証券市場をよりよく、発展させていくために、常時、変えていくものであり、何か大きな事が起きたからということで変わるのではないようです。

――違法事案が起きたときなどはどう対応していますか。

Ronny　はい、関連の法律ももちろんございまして、例えば香港の会社条例、カンパニー・オーディナンスと呼ばれているものや、証券先物に関する法律など、別の法律もあり、それを破った場合は、もちろん法的な罰則が課されます。

これを管轄しているのは香港証券取引所ではなくて、香港証券先物委員会＝ＳＦＣと呼ばれているものです。

法律はそんなに頻繁に変わるものではありません。ですから事件があったからじゃあ法律を変えましょう、というようなことはないです。

もちろんそのインサイダー取引とか、法を破って罰せられたケースはたくさんありますが、そのために法律が変わることはないです。

――ＳＦＣが監視するのは日本と同じですね。日本では証券取引等監視委員会です。香港の場合は香港証券先物委員会がそれに当たるということですね。

Ronny　もしかしたら日本とは違うかもしれないですけれども、もちろんその事件が会社が行ったものであれば会社が罰せられます。ただ、香港証券取引所というのは、先ほども申しましたように、規定をしているところなので、香港証券取引所は、公的な罰則を科せることはできないのですね。

その代わり、証券先物委員会が罰するということになります。

ただケースによっては、必ずしも会社が訴えられるということではなくて、個人が訴えられる場合もあります。

Piper Jaffray Asia Holdings CEO
高 宝明（Alex P M Ko）氏インタビュー

「日本の企業は全般的に管理水準が高い」

——会社の概要について聞かせて下さい。

高　Piper Jaffray Asia は、米国のニューヨーク証券取引所に上場している Piper Jaffray の子会社です。

１２６年の歴史があるアメリカの証券会社で、いわゆる投資銀行です。証券売買（＝ブローカー業務）、引き受け、それから債券発行、それに企業の資産管理業務などが主な業務です。

Piper Jaffray Asia の本社は、投資銀行業務部門は香港にあり、主たる市場は中国です。

特に、株式に関わる業務、ＩＰＯ＝公開引受けと、公開後の引き受けなど、株式に関わるところに強みがあります。

当社の株式取引の対象先は機関投資家です。株式のリサーチ部門も香港にあります。

主たる収入の源泉は引き受け業務と売買です。それ以外に、いわゆるM&Aを含めた財務アドバイザリー業務も収入源です。

このアドバイザリー業務は広範囲に渡っており、M&Aや、証券発行に関する引き受け業務に付随する全てのアドバイザリー業務が含まれます。

高 宝明 Piper Jaffray Asia CEO

引き受けは、香港と米国の両市場で行っています。

―― 香港と米国市場での取引先、投資家というのは、だいたい世界にまたがっているということですか。

高　主たる上場先は香港とアメリカですが、株式取引の投資家というのは、香港をベースにした米国、欧州、シンガポール、アジア、香港を含めた中国などです。したがって、投資家はまた、グローバルにあるということです。

――それは日本も含めてということですか。

高　日本は含まれていません。

――日本から香港に来ている方、日本の機関投資家で香港にブランチがある、あるいは香港に来ているところは当然、対象になっていますね。

高　それも入ってきます。

――そういう日本のクライアントのパーセンテージはどれぐらいですか？

高　そんなに高くはありません。少ないと思います。

――一般的な話になりますが、日本企業に対してどういうイメージを持たれ、日本経済についてどう見ているか、感想で結構なので聞かせて下さい。

高　まず、経済のほうから語りますと、過去、日本は非常に高成長を遂げました。GDPも拡大し、安定した成長を続けています。もちろん、毎年、中国の経済成長率8%にいたらずとも、今でも1、2%の安定した成長を遂げております。リーマンショックが起きた2008年、09年にいたり、世界全体が景気低迷の中で、日本の経済もやはりそれにつられて下がりました。しかし、10年にいたって日本経済の経済成長率はやはり回復基調に入り、正常な状況に戻りました。ただし11年3月に大震災があり、損害額も多大で、影響を受けたということです。

11年の第3四半期には回復基調に戻り、日本は世界の中でも非常に安定した国であることは間違いなく、国民の所得も高い水準を維持しています。その中で、日本は、世界にとって非常に重要な影響を与える国であることには変わりありません。

次に一般的な企業についてですが、日本の工業、もしくは科学技術分野に関係する企業は、世界でも重要な位置にあり、特に自動車、電子工業、ハイテク産業の中には、それぞれの業種で世界のリーダー的な存在の企業があります。

どの国にでも、またどの企業においても、やはり企業は成長と衰退を繰り返していますが、日本は総じて、マネジメント水準が高い企業が多いと思います。

したがって、日本には投資価値のある企業が多く、ならびに、学ぶ価値がある会社が多いです。これは私の個人的な考えです。

——マネジメント水準が高いと言われましたが、具体的にはどういった水準ですか。

高　日本はいわゆる管理システムが非常にうまく機能しています。かつて私は数多くの日本企業と接触し、日本のメーカーの工場も見学しました。医薬品にせよ半導体にせよ、そこでの流通の管理水準、工程上の水準は非常に高いものがあります。特に日本の企業の顧客対応の仕方は非常にきめ細かく、例えば、品質についても非常に管理がしっかりしており、なおかつ、包装にいたっては、お客様にとってとてもフレンドリーに感じられるように行っています。

――今度は香港の市場、あるいは香港の経済について、一般的にどう見られているか、お聞きします。

高　香港について申し上げますと、常に中国と非常に緊密な関係にあります。香港自体はサービスを中心に発展しています。特に金融と旅行業。工業（製造業）については、本当に小さな部分でしかありません。ところが、中国との関連性が非常に高いために、香港の位置付けを中国から見た場合、海外の資金調達の中心になっています。今後の見通しについて、当然ながら中国、アメリカ、日本の影響、特に中国の影響は受けると思いますが、香港の経済を非常に楽観視しています。それは、やはり中国という大きな母体の中の一つとして機能しているからです。

今後10年間、香港は非常に成長を遂げるでしょう。中国は引き続き、高度成長を遂げていくと思います。その中で香港は、国際金融センターという位置付けになり、仮に人民元の自由化が国際的に図られても、中国の投資家から見た場合、やはり国際化を促進する上で、香港に上場している会社はその投資対象になり得るのです。

過去10年間、香港は国際金融センターとしての管理レベルの水準を上げてきましたし、法律制度も整っています。

また、中産階級の専門家が集まっているので、そういう意味では、これが今後も継続していくでしょう。

「日本企業と香港市場の、一層の国際化に繋がる」

――その中で今度、日本の会社で初めて香港に上場するダイナムですが、一般的に日本の企業が香港市場に上場することに関して、どう見ていますか。

高　香港はアジアの国際金融センターの一つであることは変わりません。日本の会社が香港に上場することは、香港市場を通じて世界の投資家が日本企業に対する理解が増え、日本企業もそこで発展することが可能になります。日本市場は発展してはいますが、専門的な投資家以外は、一般の外人投資家は日本企業について理解していません。それが香港に上場を果たすことで、アジアの投資家ならびに中国の投資家が必ず関心を寄せ、興味を持って投資してくることが可能になります。日本の上場会社が香港に上場することで、中国の投資家はその会社をさらに深く理解することになります。

例を挙げますと、マカオのカジノ会社がすでに香港に上場しています。日本の娯楽産業の会社が香港に上場しますと、より多くの中国の投資家にとっては、投資する選択肢が増えます。

もう一方では、日本企業がこちらに来ることは、仕事量が増えます。今まで日本語でよかったのが、やはり英語、中国語という言葉が増えることで、作業量が増えます。また、香港で求められる必要な保険、管理システムを含めたところまで、すべて香港に合わせていかなければいけません。

もちろん、中国も含めたアジアの投資家にとっては、日本企業は税制面で全く違います。香港の会社法と日本の会社法、中国の会社法は違います。投資家はそれを理解するのに一定の学ぶ時間が必要です。

一定の日本企業がすでにアメリカで上場している現状ですが、ただアジアの投資家から見た場合、地域の違い、利便性の面でやはり香港に一日の長があります。香港が国際金融センターとしての機能を果たし、より多くの日本企業が上場することで、日本の国際化も促進されることになります。

過去数年間はプラダ、サムソナイト、アメリカのコーチなども香港に上場を果たしています。数多くの世界企業が、香港で上場を果たしています。

したがって、投資家から見ても、日本企業から見ても、香港市場で上場することは、双方にとって良いことなのです。

―― 今回、初の普通株による日本企業の上場を手がけられたわけですが、困難はありませんでしたか？

高 私のチームから聞いている限り、本件に関しては、難しい局面というのは聞いていません。監督官庁、取引所の協力も得ながら、この件については、いろいろな問題を処理してきました。例えば一例を挙げますと、会社法が違います。それをどう整合性を持たせるのか。株券が日本では無記名式、こちらは記名式。これをどうやって技術的に解消するかという方法論。そういったことにかけては、決して困難ではなく、やはり時間をかけて一つ一つ解決していく。皆さん全員協力し合いながらやってきました。

私自身は、この業界、投資の仕事に28~29年間従事しており、ことに会社の成長、ＩＰＯに関わってきました。その経験から見ても、別に難しいことは今回もありませんでした。過去、中国の企業が香港に上場するときには、中国では会社法もなかったのです。それをどうやって解決するか苦労しました。日本の企業はそれに比べれば全く困難はないと思います。

パイパーのチームのみんな、ダイナムの経営陣の皆さん、非常に専門的なレベルが高く、皆、協力し合っています。監督官庁から質問があれば、お互いに相談し合いながら協力して回答作業を進めています。そういう意味で、非常に効率よく、最終的な目的に達するよう、惜しまずに努力しています。

――　ダイナムＪＨ上場後の期待について。

高　ひとつには、ダイナムが上場したあと、より多くの日本企業が上場することを期待します。他方では、香港の市場の国際化がますます促進され、中国、アジア、ならびに世界の会社が香港で上場することを期待します。

――ダイナムＪＨの上場は非常にインパクトが大きい出来事だということですね。

高　そうです。ぜひ、ダイナムに続いてほしいと思います。

中信証券國際（CITIC Securities International）董事總経理
王 長虹（Wang Chang Hong）氏インタビュー

「中国は日本と同じ問題に直面しつつある」

――まず貴社の概要、収入源、強みなどについて教えて下さい。

王　中信証券（CITIC証券）は中国最大の証券会社の一社です。最大の株主は中信集団（CITICグループ）です。中信集団の傘下には金融、不動産、インフラ、建設、エネルギー・資源、製造業、情報産業、貿易・流通業などあらゆる業種が多岐に渡っています。中信集団は中国政府による国営企業で、中信証券の21パーセントの株式を持つ最大株主です。われわれの多くのビジネスと収入源は中国本土からのものです。われわれのコアビジネスは投資銀行業務、証券取引と販売業務、富裕層向け仲介業務、資産運用、プライベート・エクイティ、自己資金投資などです。現在、上海、香港取引所の両市場に上場しています。

中信証券國際は香港にあり、中信証券の100％子会社に当たります。

王 長虹 中信証券國際 董事總経理

―― 香港市場では逆に新規参入というかたちになると思いますが、いま業界ではどれぐらいの位置付けになりますか？

王 中信証券は２０１１年の株式引受総額のランキングでは中国で2番目となっており、そしてわれわれは社債と仕組み金融の引き受け額では11年に1位にランクされました。

11年の香港におけるＩＰＯとその後の株式売買規模では12番目に位置し、中国系銀行の中では2番目です。12番目というのは、例えばモルガン・スタンレーやゴールドマンサックスなどの欧米系の有力証券会社も全部含めての順位です。

―― 香港の証券業界は上位がほとんど欧米系になるということですね。ところで、日本経済について、どう見ているのか聞かせて下さい。

王　一つ申し上げたいのは、これはあくまでも個人的な見解で、中信証券を代表しての発言ではないということです。

相対的に申し上げられることは、日本経済はまだ引き続き低迷気味の状況にあることです。最初に言えることは、過去日本が成長したのは、主たるところは輸出です。その中で、例えば中国のように相対的に低賃金労働力のある国が台頭したとき、日本の輸出はやはり影響を受けて、経済成長率も鈍化していったと思います。

日本の輸出の競争力が低迷した理由は、主に二つ理由があります。一つは中国、その他の国のコストが相対的に安くなった。二つ目が日本の為替の変動幅が大きくなり、つまり円高になり、その影響で輸出競争力が低下した。

特に80年代後半以降、日本が高成長の頂点に達したとき、日本の内需が成長しないままに企業の運営コストが上昇し、その結果、経済の成長が低迷してしまった。60年、70年から約20年掛けて日本は高成長を遂げたわけですが、高成長が20年続けば、やはりその後の鈍化は避けられない。中国でもおそらく、同じような問題に将来直面するかも知れません。

中国も、経済の成長は輸出と、政府の固定投資による後押しによって成長してきました。中国が80年代から20年間近く成長を経験してきたいま、中国ではおそらく、80年代後半に日本が直面したような問題が起こりつつあります。一つは、発展が緩慢になってくる要因は、労働コストが上昇する、内需が拡大しない、それによって輸出の競争力が低下する。その結果、また為替変動幅が大きくなり、その影響で全体的に発展が鈍化してしまうからです。

日本が唯一、他国に比べて優勢である点は、日本の国民が労働に対して非常に勤勉なことです。従って日本企業の管理コストは非常に低い。二つ目が、日本製品の品質が非常にいいことです。消費者はいい商品であれば多少高い価格のものでも購入します。確かに日本はコスト面で割高になっていますが、非常に安定的な状況が続くと思っています。

——では香港の経済状況はどう見ていますか？

王　大変、憂慮しています。まず先に香港の優位性を語った後で、なぜ憂慮しているかをお話ししたい。過去において、香港は非常に経済環境が良好でした。

まず第一点は、投資家に対して、また商業ベースで、法律的なフレームワークが非常に整備されてきたことです。第二点は、国際化が進んでいるために英語が通じることです。従って世界中からたくさんの人が集まってくる。三番目は、香港の産業構造上、例えば貿易、不動産、金融の業種では、労働者が比較的高い収入を得られることがあります。その点で人材が集まってくるところです。第四番目が、地理的な位置付けです。中国に隣接しており、なおかつ、世界との橋渡しの場所です。従って、世界から、香港を経由して中国に進出しています。中国から見ても、香港を経由して世界各国の国々の方々と商いをする。これが香港の四つの優位点です。

――一方、憂慮している点は何ですか？

王　はい、ではなぜ憂慮しているかですが、いま述べた四つの強さがいずれ失われていくからです。一つ目の法律体系では、中国本土の経済が成熟していく中で、ますます本土の法律が明確化しています。海外の会社は香港を通じなくても直接、中国との取引が可能になってきています。従って、多国籍企業は本社を香港ではなくて北京や上海に直接置くような傾向になってきています。

二つ目が、先ほども言った人材面、文化的な環境ですね。中国のビジネス文化は劇的に激変しました。北京や上海に行くと、英語を話せる人がたくさんいます。私は18年前に香港に移ってきましたが、18年前に中国の役人と話すとき英語は通じませんでした。今は、中国の役人は皆、英語を話せるようになり、海外事情に精通しています。従って、香港の優位性はますます不明確になっています。

第三点が収入面です。18年前に私が香港に来たときの収入は、中国国内と比較して恐らく10倍差がありました。今は北京にいる専門職の収入は香港のそれと同じくらいになっています。従って世界の優秀な人材が中国国内に集まることが可能になっています。

四番目が、香港の中継地点の位置付けです。現在、上海は港、飛行場での交通が非常に便利です。従って、本土が近づいたために香港を経由する必要がなくなっています。いま香港はアジアの金融と物流の中心ですが、10年後は上海がその位置に代わるかも知れません。特に、人民元の完全自由化で、上海がアジア金融の中心になる可能性が高いです。

これから数年間はまだ、香港の位置づけは現状のままでしょうが、今後、長期に見れば中国経済が台頭することで香港の地盤沈下が起き、いずれ中国のほかの都市と同じになっていくでしょう。これについては、以上です。

――人民元の完全自由化はどういうタイミングで、どう進んでいくと見ていますか？

王　先週（2012年4月第一週）、実は中央政府は、為替変動幅の上限を0・5%から1%に変更しました。政府は絶えず、為替変動幅を拡大する傾向に入っています。

――徐々にということですね。

王　為替変動幅については、徐々に広げていくでしょう。もう一つの問題は、対外通貨との兌換《だかん》です。

すでに貿易取引については自由化されていますが、資本取引については、ここ2、3年の間に段階的に緩和されていくでしょう。

このように中央政府は為替の国際化を志向していくでしょう。まず、貿易取引で、いくつかの国との2国間の通貨の決済が可能です。貿易面では双方向での売り買いを可能にしています。多国間と通貨交換が可能な限り、中国人民元は貿易のための基軸通貨の一つになるでしょう。ただし、それは米ドルに取って代わる可能性がある、ということを言っているのではありません。

「預託証券より普通株の方が投資家にとって分かり易い」

——ダイナムJHが香港で上場しようとしています。日本企業の香港上場は初めてのケースになりますが、どう見ていますか？

王　ダイナムJHの上場に関しては言及しません。一般的に、日本企業が香港で上場すると、どういった優位性があり、困難があるかについて触れます。

まず、香港に日本企業が上場すると、いくつか優位点があります。

1点目が、一般的に日本企業への投資は日本の投資家にとって非常に制限されています。日本企業が日本の市場に上場するには、日本語での情報になるので、情報が非常に限定されてしまう。

日本の会計基準も世界の一般投資家には理解できない。例えば、直近ではオリンパスで起きた不祥事は海外投資家には理解できません。従って、日本企業が香港上場を果たすことで、会社の運営方法や開示面でより世界の基準に近づき、投資家は理解しやすくなります。

2点目が、日本の経営陣が日本の経営方式以外に、他の国の経営方式がどうかということを理解することができます。それはなぜかと言うと、日本企業は上場する前、そして上場した後に、国際法律事務所や会計士事務所など、さまざまな専門機関と、他国の会社がいかに経営しているかを議論し、また彼らが日本企業と違ったやり方でやっているかを見つけるために接触する必要があるからです。

上場した後、投資家と接触する中で、より多く投資家がどういったことについて質問を投げかけ、どういったアドバイスをしてくるかは、最終的には企業の経営管理の向上と国際化を促すことになります。

18年間この業務に携わってきました。私どものクライアントは上場を果たすことで多くの優位点を得ることができました。これは単に株価の問題ではなく、その会社の経営をいかに改善できるかです。上場を準備する過程で、弁護士、会計士、投資家などの方々から、その会社に何が不足か、何が改善すべき点かを気づかされます。これが日本企業が香港上場する優位点の2点目です。

3点目が、いわゆる企業統治に関する問題です。日本企業が香港上場を果たすことと比べてみると、例えば日本で上場すれば日本の投資家しか接触することがありません。非常に閉鎖した市場です。香港上場を果たすことは、世界中のいろいろな人の業界に対する見方や考え方を聞くことが可能になります。国際市場で上場を果たすことで、投資家層の幅、範囲を大幅に広げられます。これは企業価値を高めることにもつながるでしょう。これはあくまで可能性として申し上げることです。以上3点が私が申し上げる優位点です。

次に欠点もいくつかございます。一つ目は、大多数の経営陣は英語ができないために、特に会社のいいところ、優位性について語るとき、それを伝えることが難しいことです。

二つ目が、会社の運営面の違いです。会計面、法律面が日本国内と海外で異なります。特に審査官が二つの違うシステムを理解するためには、それに即したかたちで調整しなければいけない。従って、費用も自国内で上場するより高くなります。

三番目は、やはり予想外の費用が掛かることです。例えば、日本企業に適用される海外株主への配当支払いに掛かる源泉徴収税。それから、日本の投資家が、仮に海外に上場する株に投資する場合には、やはり利便性は日本国内ほどよくない、ということですね。以上が、優位性と欠点についてのわたしたちのまとめです。

――香港では株券をまだ発行していると聞きました。世界では電子化が進み、日本もそうなっていますが、このメリット、デメリットはどう見ていますか？

王　二つを分けなければいけないと思います。普通株という概念は、世界各国みんな同じ概念がありますので、それは皆さん、世界共通です。いわゆる証明された紙（手書き文字）を使っているか、手書き文字無しの株かの違いです。香港で、では将来、紙の株券がなくなる方向でいくかというと、短期間の内にはそれはないでしょう。過去十数年間、香港では、紙の株券によって売買されており、かつて一度も問題が起きたことはありません。ただし、仮にそれを日本に持ち込んだ場合、それはまた別問題になってくるということです。

一般的に、株式、株券においては記名式なので、そこに名前が明記されています。従って、他の人がそれを盗んだとしても、株主に記帳された名前が違うので、盗難の恐れはないのです。日本においては株券を持ち込んだ人が株主になりますので、そういう意味では、日本の場合とはちょっとまた事情が変わってくると思います。

――日本企業が香港に上場するのは預託株ではＳＢＩさんが既に上場されていますが、普通株ではダイナムＪＨが初めてのケースになります。両社の上場についての感想は？

王　一般的なことを申し上げます。投資家の立場から普通株を発行するケースは有価証券の性質を理解する上で非常に優しい。取引所にとっても同じです。シンプルです。しかしながら預託証券の形式になりますと、例えば、預託証券がとりわけ何株に転換するかが投資家にとって分かりづらい。従って、普通株の方が扱いやすい。

――ダイナムが香港で初めて日本の企業として普通株で上場することは、香港の取引所、あるいは株式市場に対してどんな影響、メリットがありますか？

王　まず一つ言えることは、取引所にとっては、普通株で日本企業が上場を果たすことは、国際的な位置付けが高まります。香港取引所としては、国際化を促したいということがありますから、いろいろな国の海外企業が香港で普通株を発行することを期待しています。

――好影響が出る、ということですね。

王　絶対にプラスになります。なおかつ、香港証券取引所に上場した日本企業の株を買うほうが、よその市場から買うよりも、その企業についての理解が深められ、世界の投資家にとっても、香港証券取引所にとっても非常によいことです。

RSM Nelson Wheeler 監査法人 首席パートナー
黄 宝栄（Wong Poh Weng）氏インタビュー

「次回以降、日本企業の上場は行いやすくなる」

――御社の概要、また今回、日本企業が香港市場に上場したことへの感想を聞かせてくれませんか。

黄　当社は香港の6大監査法人の1社です。監査、税務、コンサル、すべてのサービスを提供しております。上場業務を経験した会計士が約200人います。全従業員は約350人で、そのうち約200人が先ほどの監査部門で、最大のチームです。現在担当している上場会社が約50社あります。香港の上場規則上、香港で上場する会社は香港に登記されている監査法人の監査を受けなければならないので、その要件を満たすために当監査法人が、香港の会社だけでなく、海外の会社からも任命されているのです。それから上場前の会社は会計監査を受けなければいけないわけですが、そのサービスも提供しています。

約10年前、香港市場がかなり旺盛になってきたので、上場支援に関わる監査業務をスタートさせました。中国の大企業の香港上場が多かったので、どうしても投資銀行が大きな監査法人を求めることが数年続きました。この傾向は今後も続くでしょう。中国企業を担当する場合、スタッフやパートナーを中国に派遣して、監査業務を行っています。

黄 宝栄 RSM Nelson Wheeler首席パートナー

現在、香港証券取引所は外国企業の誘致を積極的に行っています。特に国際的な企業が香港に上場することを期待しています。取引所の国際化を促進するのは、香港証券取引所にとって大事なことです。海外の著名な企業、例えばプラダ、サムソナイト、コーチなどはすでに上場していますが、さらに数多くの海外の著名な会社がどんどん香港で上場するように、積極的に誘致しています。

当監査法人としましては、日本で提携している監査法人と連携を取りながら、より新しいビジネスを獲得するために、例えば日本企業が上場したい、あるいは資金調達を図りたいときに、そういったお手伝いをしています。香港に上場したい会社は、必ずしも香港にメーンビジネスがなくても上場することはできます。

提携している日本の監査法人と２００９年に日本でセミナーを開催し、日本企業をいかに香港に誘致するか努力してきました。日本には数多くの大企業が上場しており、非常にマーケットは大きい。日本にはまた、中小企業が多いので、その中でパートナーと組み、例えば香港で上場して資金調達して得た資金を事業展開に使っていただく、というようなことが可能になります。

日本の会社が香港で上場することは難しいことです。だからこのダイナムのプロジェクトが成功すれば、その後に続いて、たくさんの日本企業が上場することになると期待しています。

たとえば、香港に上場した企業が、香港で事業展開するようになれば、香港での法人税が課せられることになりますが、その場合は当然、日本より法人税は安くなります。

――日本企業で初めての上場という作業で、具体的に難しかった点などを可能なら教えてください。

黄　一番苦労したのが、日本企業とは初めての仕事だったので、そういう意味では学習期間であったということです。

香港の会計基準は国際会計基準です。日本とは異なるため、逐次、学びながらやってきました。従って今回、貴重な経験をしましたので、次回はもっと慣れた仕事になると思います。

このコメントは、あくまでも一般的な見解で、特定な当社のプロジェクトに言及しているわけではないので、現段階では私の個人的見解として捉えてください。

――日本のパートナーの監査法人はどこですか?

黄　清和監査法人がパートナーです。清和さんとは、過去数回、プレゼンテーションやセミナーを日本で共同開催しました。

――清和さんとはどのくらいのお付き合いですか。

黄　清和監査法人がRSMインターナショナルの一員になったのは、3年ほど前です。この案件のほかにも、共同で仕事をしています。

――今回のダイナムＪＨの案件以前からということですね。

黄　かつて香港と中国で事業展開している会社で東証のマザーズに上場している会社がありまして、その会社から業務を支援してほしいと要請を受け、清和さんと一緒に組んで仕事をやっております。

――今回、ダイナムＪＨが普通株で、日本から香港に上場するのはまさに初めてになるのですが、今後、日本企業はもっと香港市場に上場するという感触はありますか？

黄　清和さんでは実際、上場について潜在的な可能性がある企業を担当しており、第一号の案件が成功しないことには後は続きません。これはダイナムと同じ業種に限らず他の業種についても言えます。例えば日本企業が海外へ事業展開しようとするとき、香港で上場して資金調達をし、実際に成功すれば、その後にたくさんの会社が追随するでしょう。

例えば、プラダの例を挙げますと、上場した時、ＰＥＲ（株価収益率）は非常に高かった。入った資金を中国の事業展開に使っています。現在、プラダのＰＥＲは非常に高くて、おそらくパリにあるルイヴィトンより倍率が高いでしょう。

またマンチェスター・ユナイテッドというサッカーチームがありますが、香港に上場するかシンガポールに上場するかといろいろ言われ、最終的にはNYを選んだらしいですが、このようにグローバルな市場間競争の中で香港証券取引所は国際金融センターの機能を果たすために、より多くの海外企業を誘致しようと取り組んでいます。

――上場の際のデューデリジェンス（DD、資産査定）の日本との違いは？

黄　DDのプロセス自体はやることはほとんど一緒です。ただDDを行った後の、採用している会計基準はJ－GAAP（日本会計基準）からIFRS（国際会計基準）に変えなければいけないので、その後の作業が非常に詳細で、面倒であるということです。

――日本企業の香港上場に関わる人やコストはどうなりますか。

黄　何の目的で、どこで事業を行うかによって変わってきます。例えば日本企業の場合には、当然、言葉の障壁がありますので、日本人の通訳をつけなければいけません。担当パートナーをより数多くつけなければいけない。香港の会社ならば香港の人でいいですが、日本企業の上場の場合には当監査法人は日本語を話せる人があまりいないので、どうしても増員を要請せざるを得ないという状況があります。

「香港の市場は流動性が非常に高い」

――ＤＤ、つまりは資産査定を終了した後、上場申請後にはどんな作業があるのですか。

黄　証券取引所からは絶えず、いろいろな質問が投げかけられてきます。上場申請は終わっても、取引所から来る様々な質問に対して、わたしたちには回答する体制ができています。

取引所から質問にどう答えるかについては、これはスポンサー（主幹事証券会社）が常に取引所とやりとりをしており、ＲＳＭとしてはこの質問に常に２日以内に回答を行うようにしております。その作業がずっと続きます。実際に、質問を受けてからでは間に合わないので、わたしたちは十分な準備をして対応しているということです。

取引所で聞かれる質問が法律関連ならば弁護士事務所、会計関連ならば監査法人、不動産鑑定ならば不動産関係の会社がお答えします。すべてのコーディネートはスポンサーが行っており、取引所から質問が来れば、速やかに対応する体制を取っています。

―― 先ほど貴監査法人はＤＤでの実績が大きいとのことでしたが、香港の株式上場市場は今どんなポジションにあり、今後どういう推移になるか見通しを聞かせて下さい。

黄 国際金融マーケットとして、今後も数多くの新規上場企業が、香港上場を果たすことになると思います。香港市場は資金調達の場として機能を果たしています。ただ個別企業の株価については、いろいろな経済要因に影響されますので、これはまた別問題です。

世界のマーケットは非常に緊密にリンクしています。例えばアメリカで株価が上がれば、日本と香港の株価も上がります。

株は多くの人に売買されなければ資金調達もできなくなりますから香港市場では流動性を非常に大事にしています。

―― 日本企業には、どんどん香港に来てもらいたいということですが、その日本企業についてはどう見ていますか。また日本の経済についての感想も聞かせて下さい。

黄　日本経済の見通しが私にも分かるのであれば、お金持ちになっていました（笑）。一つは、日本経済は過去10年間、非常に景気が減速、スローダウンしています。その中で、例えば日本企業がタイに上場を果たしタイで事業展開する、要するに経済成長の著しいところに進出すれば、企業としての発展はまだ十分に可能だと思います。

――どんどん海外へ進出して成長を実現すべきだということですね。

黄　ええ、日本企業はどんどん海外に事業展開しており、例えば車の生産も、日本よりアメリカの生産が増えているし、ＧＭがアメリカで車を生産するより、中国で生産量を増やしている。中国マーケットについて言いますと今は消費大国になりつつある。日本企業はますます海外へ事業展開していくことになると思います。日本の人口は１・28億人に対し、中国は10億人以上いますので、おのずとマーケットの大きさが違うので、どんどん日本企業が海外進出していくでしょう。

――日本企業が海外進出するのに、香港は一つの窓口になるということですね。今回のダイナムＪＨ上場のケースが実現した場合、その波及効果について聞かせて下さい。

黄　今回のケースが成功しますと、日本の会社の香港上場が珍しくなくなります。それがお客さまを引きつけることになるでしょう。日本の会社が香港に上場を果たして、その資金は日本の事業に使うことも可能ですし、中国に展開すれば、中国で使うことも可能になってくる。そうすると、それが会社と顧客をつくることになるでしょう。わたしどもも毎年数社の上場支援を引き受けることを期待しています。

また、このケースがうまくいきますと、競合会社が生まれます。他の弁護士事務所、他の監査法人が、日本の提携先と共に、何とか日本の会社を取り込もうとする動きに入ってくると思います。そうしますと、おのずと弁護士事務所や監査法人の間での競争も激化してくると思います。

――そういう新しい競争が生まれそうな状況下、香港上場の第一号を手がけたということで御社には、アドバンテージがありますね。

黄　他社が手掛けるまでのあいだは、優勢は保っていられます。おそらく、この案件が成功すると、他の日本の会社が清和さんを訪ねてこられる。そうするとこちらも一緒に作業をすることになりますからね。

香港上場を果たすことは、無形価値、資産価値を高めることです。それは最低でも3億ドル、30億円くらいの価値です。仮に30億円以下でお金を使ったとしても、その上場して上がった時価総額の価値が上がります。

例えば、例を挙げますと、香港上場会社を買収する場合、5億香港ドル、50億円を投資したとします。その場合、投資した会社の価値は80億円になります。それだけの投資価値があるということです。実際には上場会社でそんなに売りたいと思っている会社は少ないですが、例えば、上場会社と非上場会社であれば、価値がおのずと30億円違うということです。要するに上場を果たすと、それだけ価値が出てくるものだということを言いたいのです。

——香港では、上場会社と非上場会社の間でそれだけの価値の違いが出てくるということですね。

黄　そのとおりです。そのことを強調しておきたいですね。

第4章

雇用33万人を抱える巨大産業

卵が先か、鶏が先か

「株式を公開するということは、経営の中身が全部裸になるということなんです。経営の中身をディスクローズ（透明化）していくことによって、社会がもっともっと、この業界のことを分かる、ということにつながるのではないか？」

ダイナムJH社長の佐藤洋治は上場の意義について、こう話す。

日本のパチンコホールで上場した企業はそれ以前には存在しなかった。

これまで述べてきた通り、パチンコ台などの遊戯機器メーカーでは、これまでにも、SANKYO、平和などが上場しているが、ホールの運営会社の上場はこれまで皆無であった。

2010年（平成22年）12月時点のパチンコ産業の概況は、ホール数が日本全国で1万2479店舗、売上高は28兆6323億円（パチンコ・チェーンストア協会PCSA 2010年3月回答13社）。レジャー白書2010の数字でも21兆650億円と巨大である。この数字は外食産業24兆4315億円（2008年日本フードサービス

ＨＰ）、総合スーパーマーケット12兆６９５９億円（２００９年日本チェーンストア協会ＨＰ）に肩を並べるかもしくはそれを凌ぐ産業に発展していることを示している。

また、そこに働く人の数は33万３２３０人（ＰＣＳＡ類推値、２０１０年３月回答13社）、総務省統計でも30万１８８人（２００６年）と巨大。この数字も総合スーパーマーケット40万１７０１人（前出ＨＰ）には及ばないものの、自動車主要メーカー11社の22万２７３３人（２００９年業界動向リサーチＨＰ）より多い。

ちなみにパチンコホールの法人税納税額を２０１０年３月のＰＣＳＡによる会員８社からの回答の類推値で見ると１６４８億円だった。この額は、全サービス業の法人税額１兆２６１４億円（２００８年国税庁統計年報）の13・１％、全法人税収５兆９５３０億円（２０１０年財務省平成22年一般会計予算概要）の２・77％に当たる。パチンコ産業が国内でいかに大きな産業になっているかがわかる。

これだけ大きな産業のパチンコホールの運営会社に、これまで上場会社がないのはなぜか？

この疑問に対しては、いろいろな見方が存在する。

一つは、金額で見れば大きな額が日々動いている産業だが、個々のパチンコホールを見ると、それぞれは零細企業が多く、上場するほどの規模の会社が少なかったこと。

これらのホール会社の中には、近代的経営とはいいがたい〝どんぶり勘定〟を続けているところがあったり、中には領収書さえ存在していない経営を行っているところがあったり、上場に耐えうる会計監査を行っている企業が少なかったこと。

また、たとえ規模が大きくなっても、わざわざコストをかけて上場しても、利点があると感じる経営者が業界に少なかったこともあろう。

だがこれはあくまで業界全体の話で、個別にみればそうではなく、他の産業の一流会社と比べて遜色のない経営内容、人材育成をしていきたいとする会社も存在する。個別の会社という単位で見れば、透明度の高い会社、社会から信頼されている会社はいくらでもある。

負のイメージで世間から見られているならば、自ら上場に耐えうる企業となり、上場を果たすことができれば、経営の透明性が一層確保され、そうなれば、パチンコ産業で働く33万人強の社員たちにとっても、誇りや働きがいが出てくる。

ところがその株式上場が、どんなに努力をしてもこれまでなぜか日本では実現できなかった。その上場に際して、立ちはだかる障壁があった。その障壁に向かって、佐藤は臆することなく、立ち向かっていった。

そして、その壁を、ダイナムＪＨは、世界で初めて乗り越えたのである。

業界スタンダードに

日本市場ではこれまで実現されなかったパチンコホール会社の上場。それが香港で実現した。このことは日本の社会風土の特色、その閉鎖性をあぶり出すことにもなった。

実は香港市場は、日本市場以上に投資家保護の意識が徹底している。そのためにディスクロージャー（情報公開）の条件も厳しい。ディスクローズする内容も多岐に渡り、その規定も厳しい。もちろん上場後も、ディスクロージャーをタイムリーに続けて行かなくてはならない。

これらのことは、日本と香港の両方での上場を試みたある会社の関係者も指摘している。

換言すれば、ダイナムＪＨはある意味で、世界でも最もディスクロージャーの条件が厳しい市場で上場を果たしたということである。

ダイナムの上場が今後、業界の一つのスタンダードになる可能性がある。

上場の際に作られる目論見書。これは単に決算や経理上の数字が並んでいるものではない。そこには営業の中身から法律的な解釈その他、その企業と業界に関するあらゆる課題、留意点がそれぞれの専門家の検討を経て、明文化・活字化されている。

ダイナムＪＨは、今回の香港上場では、内外7つの国際法律事務所と契約しており、これらは目論見書の内容に法的な偽りや問題がないことをサイン入りで証明している。

ダイナムＪＨの上場を機に、世界初となるパチンコホール会社のこの目論見書が、世界中の投資家と投資家予備軍に向けて、お手本として広く出回っていくことになろう。

同業者でやはり上場を目指す企業はこの目論見書に近づくように経営努力をしていかざるを得ない。ホール会社に融資を行っている金融機関にしても、ダイナムＪＨが作製した目論見書をスタンダードにして経営の透明性を高めるように要求してくるのは必至だからだ。

佐藤は兼ねて「社会のお役に立てれば幸い」という理念で経営を行ってきたが、その一つが実現することになる。

日本で試みられた上場申請

日本でパチンコホールの上場が実現できなかったのはなぜか？

過去に、日本の証券取引所への上場を計画したパチンコホールの運営会社は複数ある。

1990年代初頭から、業界では上場を模索する機運が高まった。2000年代になると、大手各社の努力によって、例えばパチンコ・トラスティ・ボード（PTB）などのような第三者機関が設けられた。外部の人材を招き、幅広い視点から、業界の進むべき道を探っていこうという試みである。こうして証券界からもパチンコホール上場への機運が高まった。

この流れを受けて、２０００年代半ばに、大手・中堅の複数社が日本で実際に上場申請の準備に入った。現実に申請書類を作った会社もあった。

ところが、こうした経緯は当の証券取引所に記録が残っていない。

２０１２年７月７日付け朝日新聞夕刊１面に、「パチンコ店大手　上場へ　業界初、香港市場で」の見出しで、今回のダイナムＪＨの香港上場に関する記事が掲載された。この記事の中で「一方、パチンコ業界準大手が05年にジャスダック証券取引所に上場申請した際は、出玉の景品を換金する方法が刑法の賭博罪に抵触する可能性があるとして認められなかった」という一節が出てくる。

同紙は、実は、２００６年4月30日付けで、「パチンコ店チェーンの上場が不発に終わった」という報道を行っている。先の報道のこの一節は、このときの記事を踏襲したものであることがわかる（注1）。

この報道では「上場申請していた」とあるが、実際には、この05年の申請、すなわち報道で06年4月に上場が認められなかったとされた申請は、公式には申請された記録はどこにもない。なぜなら、申請書類自体が受理されていないからだ。だから記録には残っていないのである。

実際は何が起きたのか

実は、ホール各社は2003年頃から本格的にIPOの準備を進めてきた。

ある大手ホールは、主幹事証券会社をC証券にした。当時、C証券のトップのK氏がホールの上場に対して積極的だったからだ。

そして2005年6月頃、C証券が新興市場への上場を打診した。これに対し新興市場の審査担当者から、申請を検討しているパチンコホール2社の主幹事がともにC証券なので他の証券会社にも参加を呼びかけてバランスをとって欲しい、とのアドバイスを受けた。

そこでB証券を加えて共同主幹事とし、さらに大手証券にも声をかけた。ところが、大手証券には何度声をかけても反応がなかった。昔のパチンコホールのイメージを引きずっているのか、あるいはそうではないのか。いずれにせよ、今でも、そのときの大手証券の判断は不明のままである。

さて、2005年12月29日になると、先の新聞報道にもあるように、ある「準大手」のパチンコホールがジャスダック証券取引所に上場申請を行う。

この申請はいったん、受理されたが、しかしその後、ジャスダックの態度が一変する。今やこの申請は「受け付けていない。勝手に申請書類を置いていった」(関係者)というのが証券取引所のスタンスだ。

その後、他の証券会社もパチンコホールの上場引き受けは一様に消極的な姿勢に転じ、日本でのパチンコホールの上場機運は急速にしぼんでいった。

しかも今日に至るまで、申請が受け付けられない理由は明示されず、いかにも日本的な曖昧な状況が続いている。

案件を個別に審査せず、審査しない理由を何ら説明することもなく、とにかく門前払いの状態が続くのは、証券市場にとっても、上場申請する方にとっても不幸なことである。

これまでパチンコホールが上場したくても受け付けられない壁とされるのはいわゆる「3店方式」というのが大方の見方であった。では、その「3店方式」とは一体、どんな取引慣行なのかを見ていこう。

換金と3店方式

パチンコは購入した玉を使って当たり穴に玉を入れることができると玉がたくさん出てくるゲームである。当たりがたくさん出て出玉が一定量になると、出玉を景品に交換することができる。

交換する景品は店内にたくさん並んでおり、気の利いたお店だと、ちょっとしたスーパーぐらい景品を取りそろえているところもある。ところがこうした品物に交換する人は全体の5～10％程度で、大部分の人、90～95％の人は、出玉を換金性のある「特殊景品」に交換し、店外の景品買取所で換金をしている。

競馬、競輪、競艇、オートレースの公営4ギャンブルなどを除いて、日本では賭け事は刑法で禁じられている。それに加えて、パチンコについては、出玉の換金行為は風適法によって禁止されている。風適法ではパチンコホールに対して、以下の行為を禁止している。①現金又は有価証券を商品として提供すること②客に提供した商品を買い取ること（いわゆる自家買い）③遊技の用に供する玉やメダルその他（遊技玉等）を客に営業所外に持ち出させること④遊技玉等を客のために保管したことを表示する書面を客に発行すること――の4点である。

この法に則れば、遊技をしたパチンコ店と人や資本面で関係がある景品交換所で特殊景品を換金することは違法性を問われることになる。そこで、特殊景品を交換する場所をホールとは全く別法人が運営する景品交換所で行えば違法性は問われなくなる。景品交換所の運営は、特殊景品を買い取る景品問屋との取引によって成り立たせる。これが「3店方式」の換金システムの概略である。

この方式はパチンコが大ブームになった際に、反社会的勢力が換金行為で特殊景品交換利権を巡る抗争が激化したため、それに対処して業界の健全化を図るために1961年に大阪で始まった換金システムがもとになっているといわれる。この方式がその後、全国に広まった。各地の仕組みはそれぞれ微妙に違っているとされるが、大まかな概略はだいたい同じである。

実は、パチンコホールの換金を巡っては、そもそも風営法（風適法）違反によって刑事訴追され、裁判にまで持ち込まれた例はあまりない。なぜなら、摘発されるパチンコ店のほとんどの例は、景品の「自家買い」が明らかとなったからであり、その場合、店はその非を認めて、営業停止処分などの罰則を受けているケースがほとんどだからだ。

唯一、店の自家買いかどうかが問われた裁判では、１９６８年６月17日に福岡高等裁判所によって出された判決がある。

この判決は「問題の特殊景品が特定しがたいこと」を理由にパチンコ店側の「自家買い」を特定できなかったとして、無罪を言い渡した判決である。従ってこれをもって「３店方式」のシステム自体の合法性が問われた裁判とは言えないため、この裁判の判決自体は３店方式を論議する上ではあまり意味のない判決だ。風適法に詳しいある法曹関係者はそう指摘している。

ちなみにインターネット百科事典と言われる「ウィキペディア」の「３店方式」の解説には、この裁判の判決がなぜか例示されている（ただし判決が１９６３年としており、そもそも年号から誤っている）。「３店方式」を語る上では意味のない判決を載せているわけであり、ネットではいかに不確かであやふやな、そしてときに恣意的で誤った情報が飛び交っているかがわかる。

むしろ問題なのは、「３店方式」の法的な解釈をめぐるまっとうな論議が、日本ではこれまで法曹関係者の間で全く行われたことがないことにある。

ある法曹関係者もこの問題の本質をそう指摘する。

ではパチンコホールの監督官庁でもある警察庁は、この「3店方式」に対してどういう対応なのか?

第2章で先述した通り、日本の警察庁は2003年6月、国会の議員連盟からの質問に対して「風営法（現風適法）下で営まれるパチンコ営業は、賭博罪に当たる行為を行っているとは考えていない」とし、さらに「パチンコ店営業者と無関係な第三者が顧客から景品を購入することは禁止されておらず、いわゆる3店方式の下で遂行されるパチンコ事業は風営法（現風適法）に違反しない」という趣旨の回答を行っている。この警察のスタンスは現在も変わっていない。

仮にその営業が違法なものなのであれば、まず警察が真っ先に摘発をしている、ということである。

賭博罪と風適法

賭博行為は刑法の賭博罪によって禁止されている。

賭博行為を禁止するのは、それが公序良俗に反するものだからだ。だが人類の歴史上、賭け事が絶えたことは決してない。家庭でも職場でも、週末のゴルフなどでも、程度の違いはあっても、それはごく普通の人の身近にあるものだと言っていい。人類の歴史とともにある身近なものを、公序良俗に反するといって全て法律で禁止することの是非は、1930年代の米国の禁酒法が示している。

戦後、日本では公営四ギャンブル（競馬・競輪・競艇・オートレース）や宝くじなどを別法で規定することで賭博罪から除外しているのもそういう考えと無縁ではない。

一方、パチンコは風適法（風俗営業等の規制及び業務の適正化等に関する法律）によって規制を受けている。従ってパチンコ・パチスロ遊技機で射倖心を煽りすぎる機械の変造などが発見された場合は、警察は風適法で摘発することがある。

ところで風適法によって規制を受ける業態にはパチンコホールのほかに、バーやキャバレー、雀荘やビリヤードホールなどが挙げられる。風適法の法律の眼目とする最大のところは、いろいろな見方はできるが、要は、青少年の健全な育成を妨げないため、というところにある。だからこうした店には未成年は入店できない。逆に言えば、ちゃんとした成人は、自己責任で堂々とこうしたお店で楽しむことができる。

蛇足だが、その観点で言えば、ようやく自主撤退をする判断を自ら下したものの、それまで未成年の青少年から射倖心を煽って利益を上げていた「コンプガチャ」などのモバイルゲームなどは、もってのほかだったと言わざるを得ない。

いずれにしても警察が風適法で摘発を行うのは、そういう場合であって、パチンコ・パチスロでの現行の換金システムが適正に運用されている限りにおいては摘発の対象にはならない。これが現在、日本の警察が具体的に行動で示しているパチンコ・パチスロに対する法解釈である。

「グレーゾーン」という風評

最近の新聞報道などの論調では、この3店方式が「グレーゾーン」にあるかのような書き方がされ始めている。「グレー」という表現は、「シロ」とは言えない、という印象を人に与える恣意的な言葉である。実際には法律上グレーという判断はあり得ない。違法か、違法でないか、のどちらかである。

監督官庁たる現行の警察が行っている法解釈から言っても、3店方式をグレーだと言うことは風評ということになる。

法律関係者によっていろいろな見方が存在する問題であれば、それは司法の場で専門家が議論を尽くすべき種類の問題である。メディアの一方的な「グレーゾーン」報道は、ときに世論をミスリードする懸念が大きい。

かつて消費者金融業界では、いわゆる「グレーゾーン金利」に対する世論の批判に圧され、ある利用者から起こされた裁判の最高裁判所判決で、過去にまで遡って支払い過ぎた金利分を払い戻せ、という異例の判断が行われた。

この最高裁の判例によって、大手消費者金融各社は過去に遡って払いすぎた金利を払う必要がその後に生じ、瞬く間に各社の経営は悪化、大手各社が次々と経営破綻にまで追い込まれていったことは記憶に新しい。

この最高裁の判例に対しては後に、様々な法曹関係者から、この判断の問題点、特異性を指摘する声が多く聞かれたのも事実である。消費者金融で〝高金利〟をむさぼるのもよくないが、貸し手の責任だけが追及され健全な消費者金融を育成する視点が欠けていたのではないか。一方で、闇金融に走る借り手が出てきたとも言われ、バランス感覚のある議論が必要という声も聞かれる。

いつの時代にも、また、どんな状況下でも、冷静な判断が必要だということである。そのことは3店方式についての認識でも言える。

カジノ法制化の動き

2011年暮、パチンコホール国内最大手の役員が突如、ある一市民から刑法186条第2項のいわゆる賭博場開帳図利罪で告発された件がある。この件は一般紙には報道されていないが、当の告発者が運営に参加しているHPで随時、この経過が報告されている。

それによると、京都地方検察庁は2011年11月29日に受理した大手ホール代表取締役3人の賭博場開帳図利罪に関する告発に対する処分を12月26日に下した——とある。結果は嫌疑不十分で不起訴。

ところがこれを受けて、この告発者は年明け、京都の検察審査会事務局に、この処分を不服として審査申立を行い、1月6日、平成24年京都第一検察審査会審査事件第一号として受理された。しかし、こちらの結果も、同審査会は6月25日、「不起訴処分を相当」と議決している。

結果的には、この告発は、現在のパチンコホールの換金システムの合法性をより一層、裏付けることになった、と言うことはできる。

ところでこの告発者が運営者の一人として名を連ねているHPは、日本にカジノを興そうと呼びかけている掲示板。つまり、日本にカジノ産業を興すためにその法整備を行うのと同時にパチンコホールの規制を行いたいという企図がある。大手ホール役員に対する今回の告発はそれが如実に表れた証左だ。

パチンコ産業の関係者は、日本でカジノ法整備が進んでも、カジノとパチンコは客層が違い、遊技性も違うので自然に棲み分けできると楽観的に捉えている人が多い。

ところが、カジノ法制化推進に併せて、こうした反パチンコの動きもにわかに起きている。立場によって、見方や認識が違ってくることもあるが、これらの解決は司法の場で公正に行われるべきであろう。

海外に活路を求める関連企業

一方、パチンコ関連企業の一部で、海外に活路を求める動きが出始めている。

一つがパチスロ機器メーカーであるユニバーサルエンターテインメント（旧アルゼ）を創業した岡田和生氏の動向。

岡田氏はすでに香港に進出しており、香港証券取引所に上場してマカオなどでカジノを経営している米国の会社の株を買収、その会社の筆頭株主に就くとともに取締役の一人に名を連ねている。ただ、この会社と岡田氏は現在、株取得などを巡って係争中であり、その係争についてはウォールストリートジャーナル日本版などで連日、報道がされているものの、日本の一般紙には一切、この報道はされていない。

岡田氏はまた、香港の九龍地区に新設された超高層の商業ビル内に高級レストランを開業するなど、香港での地盤を着々と固めている。

もう一つは、パチンコホール最大手マルハンの動向。２００８年5月26日に同社はカンボジアで「マルハン・ジャパン・バンク（ＭＪＢ）」という銀行を、カンボジアのフン・セン首相からの直々の要請によって開業している。

実はマカオでカジノを開業している会社には本社をカンボジアに置いているところも多い。だがマルハンが進出したのはカジノ分野ではなく、その国では社会的ステータスが最も高いとされる銀行業だった。

マルハンのこの動向に関しては、JBPRSSというネット新聞がその状況を詳報している（注2）。題して「パチンコ最大手、カンボジアで銀行の超堅実経営　日本で上場の夢絶たれ、急成長の新興国にかける」という記事。

日本での上場の夢を絶たれ、海外に活路を求める動きを加速させている。その原因を遡れば、日本の証券取引所による門前払いにあるのは間違いないだろう。

日本の証券取引所はこれからもっと国際化を進め、海外の投資家を呼び戻さなくてはいけないこの時期に、20兆円にも及ぶ産業の上場会社及び上場予備軍会社をみすみす海外に流出させる原因を自ら作っていた、ということになる。

業界再編の可能性

株式を上場することは、企業経営の透明性を高めて、より社会的に重要な存在になる、ということと同時に、資金を市場から集めて再投資が行えるようになるなど銀行だけに頼らない柔軟な経営が可能になる。これは上場メリットとして一般的に考えられていることだ。

だが現在では、様々な資金調達が可能で、敢えて上場して外部から買収されるリスクをとってまで資金調達する理由はなくなっている。また、企業の透明性や社会的ステータスを高めるやり方も、ほかにいろいろある。

日本では、パチンコホール運営を主体とする企業にとって、上場する道は、前述のような事情によって絶たれている状況。

またパチンコホール業界自体にも逆風が続いている状態にある。

業界の売上高は平成15年以降、漸減傾向が続いており、平成22年の売上貸玉料は19兆3800億円となっており、平成15年度に比べると34・6％も減少している（財）

社会経済生産性本部発行レジャー白書資料）。パチンコ人口は年々減少、現在、約1万2400店舗のパチンコホールが全国で営業を行っているが、ホールの閉鎖も年々増えている状況だ。将来の日本の人口減少予測を考えれば、今後も決して明るい見通しは描けない。

こうした中で約4100社のパチンコホールが日本にはひしめき、しかもそのいずれもが零細企業である。

ダイナムのように全国にチェーン展開する大手企業は逆に少なく、100店舗以上のホールを持つ大手チェーン会社のシェアは全体の5％に過ぎない。

加えてパチンコホール運営の経営者は、日本の多くの零細企業と同様、後継者問題を抱えている。後を継ぐものがいないので、できたら店を買って貰いたいと思っていたり、自分の代を最後に店をたたもうと考えているオーナーが多い。こうした状況下では再編が起きやすい。企業淘汰や、大手によるM&A（企業の合併・買収）などによる再編が行われやすい環境だ。

ダイナムJHは今回の香港上場での資金調達額は160億円に達すると見られている。この金額はほぼ、ダイナムJHの年間の税引後利益に匹敵。これを元手に3年間で75店舗の新店舗を作ることを、上場目論見書の中でも明らかにしている。しかもこの75店舗の拡大は店舗の新設で行くことが佐藤・ダイナムＪＨ社長からも明言されている。

だが、もっとてっとり早く拡大戦略を進めていく、ということになれば、業界再編を自ら仕掛けていくやり方も、選択肢としてはあり得ないことはない。

ドメスティックな国際性

パチンコはもともと、１９２０年代に米国から渡来したコリントゲームがその源流だと言われている。

以来、90年の歴史を経て、日本の産業の中でもパチンコ産業はユニークな位置を占める産業として定着した。

現在、日本に４０００社近くが存在するパチンコホール。その経営者には在日韓国・朝鮮の人が多いことも、そのユニークな特色の一つである。もちろん経営者の中には日本人も数多いが、その産業史をひもとくと、この産業の特色がどういう経過で形成されたかがわかる。

韓国出身で現在、東京大学大学院経済学研究科付属経営教育研究センター特任准教授の韓載香という人が書いた『「在日企業」の産業史　その社会的基盤とダイナミズム』（2010年、名古屋大学出版会）という本では、第3章「パチンコ産業と在日企業」で、その経緯が考察されている（注3）。

戦後、大ブームとなったパチンコは、1955年に突如、当局から規制がかかる。大ブームの要因となった「連発式」台を、射倖性が高すぎると判断した当局が54年に突然、禁止令を出し、翌年からそれを実施。これを境にパチンコホール経営は一転、儲からない事業になり、多くの業者が退散、ホール数が激減することになった。

その中でほかに仕事がなかった在日の人たちはこの仕事を続けざるをえなかった、という考察を横須賀市出身の銅版画家・杉山一夫という人が行っている（『パチンコ誕生』（2008年、創元社）注4）。

典型的なドメスティック産業にありながら、その国際性がかかる歴史によって形づくられてきた、ということは、日本の産業の一面史を見る上でたいへん興味深い。

チェーン化と企業間格差の拡大

パチンコは戦後の1954年に第一次黄金期が到来し、当時、全国に3万8764店ものパチンコホールがあった。しかし前述の通り、54年に連発式のパチンコ機が禁止され、業界は淘汰、店舗数も半減した。

60年代にチューリップ機が登場して第二期の黄金時代が到来、78年には全国1万418店で売上推計1兆6000億円（貸玉換算）の産業に成長した。80年代にはドラム式フィーバー機が登場し、第三期の黄金時代を迎え、95年には店舗数1万8244店、市場規模は30兆9020億円（同）となるピークを迎えた。

この間に業界では画期的な出来事が起きる。

1985年、パチンコに関する法令の改正が行われ、他県へパチンコホールを進出させることが容易になったことだ。

改正前の風適法では、パチンコホールを新規出店する際の許可基準や行政指導が地域ごとにまちまちだった。パチンコホールには全国各地に業界の組合があり、その組合は全国都道府県の警察署ごとに存在した。警察署は当時、約１８００カ所あったことから、組合もその数だけ存在していた。そして組合ごとに出店規則はまちまち。他地域に対していわば排他的な存在であった。例えば、埼玉のある地域の場合、出店する予定地の半径１００メートル以内の全ての地主と居住人の承諾書が出店には必要だった。駅前などの繁華街だと、その数は数百にも及ぶ。これでは実質的に他地域からの新規出店は不可能であった。

　これが85年の法令改正により全国一律の出店基準に統一された。これによってパチンコホール業界でも、全国的なチェーン展開が可能になった。

　しかし、96年になると変造カード問題や「パチンコ依存症」問題がクローズアップされ、社会問題化。これを受けて業界団体では、営業等の自粛を断行、また「社会的不適合機撤去」運動などにより固定客離れも始まり、業界のトレンドは減少へ転じることになった。

　99年にはパチスロブームが到来、客単価の高い機械が導入されたことで射倖性が高まり、それに応じて批判も高まることとなり、２００４年には射倖性の高い「パチスロ４号機」撤去の自主規制が行われた。このように一進一退を繰り返しながら全体では市場の減少が進んでいった。そして現在まで参加人口の減少、店舗数減少、売上減少という下降トレンドが続いている。

こうした下降トレンドの下では、全国にチェーン展開して体力がある大手ホールと弱小ホールとの企業間格差、勝ち組と負け組の格差が拡大していくことになった。

最近では、固定客離れや、近年の射倖性を煽りすぎた「客単価の高い」機械の相次ぐ導入の反省として、パチンコホール本来の大衆娯楽としての原点を取り戻そう、という動きが広まり、「1円パチンコ・5円スロット」を標榜する、いわゆる「低玉貸営業」の店が全国的に増えている。

この動きは、2006年6月に準大手のピーアークホールディングスが先鞭を付けたとされ、その後大手のチェーン各社も追随、業界に急速に浸透していくことになる。

12年3月現在、パチンコホール業界でのパチンコ機械の約35%が低玉貸営業を行っているとされている。

兼業では上場会社も

パチンコホール専業の上場会社はこれまでなかったことを書いてきた。それは事実であることは間違いないが、実は、既に上場会社である他の業界の大手企業などが兼営でパチンコホールを運営している、もしくはしていた、というケースがかなりある。

有名なところでは大手スーパー各社。

各社は業績悪化で既に専業ホール運営会社などに売却しているケースもあるが、具体的にはダイエー（15店舗・既に売却）、西友（4店舗・同）、マイカル（24店舗・MBOにより独立）などだ。また、ドラッグストア大手のマツモトキヨシ（3店舗）、クレジットカード大手のクレディセゾン（32店舗）、ゲームのバンダイナムコホールディングス（4店舗）というのもある。

さらに神奈川中央交通（2店舗）、神姫バス（2店舗）などの交通会社には所有する、もしくはしていたケースが多く見られ（以上の店舗数は最大所有時）、以下店舗数は不明だが京成電鉄、東武鉄道、京阪電鉄などが過去にあるいは現在、パチンコホール所有の記録が残っている。

このように、パチンコホールが一般の企業にとっても一つの事業として組み込まれ、また国民生活の中に浸透していることからしても、パチンコホール産業についての正確な認識を持つことが大事であろう。

第5章

ダイナムＪＨ・佐藤洋治という人

トップの意地

海外市場での上場は日本で上場するよりも、コストと手間はよけいにかかる。だが、国際市場である香港での上場にならば賭けてみる価値がある——。

佐藤がそう決断してからの行動は実に素早かった。

企業が上場する主な目的の一つは市場からの資金調達。今回のダイナムJHの香港上場での資金調達は約160億円。ダイナムの場合、佐藤が経営を引き受けて以来、黒字経営で赤字は一回も出したことはない。利益を毎年あげ、内部蓄積も行ってきて、資金確保は万全の態勢を敷いてきた。またメーンバンク2行から250億円のコミットメントライン（融資枠）を得てきており、火急に資金が必要なわけではない。好業績をあげてきたダイナムにとってコマーシャルペーパー発行やファンドマネーの調達など、上場するより簡便な資金調達手段がいくらでもある。

「何で今さら上場する必要があるのか？　もうこれは〝意地〟と言うことしかないのではないか？」

ある友人は佐藤の心情をこう思いやる。

日本では上場の申請さえ受け付けてもらえないままに来ている。そのために社員やその家族はどんな思いでいるか、仕事の意欲・士気にも響いてくる。そのことに対する悔しい思い、そしてそんなものには負けてたまるか、というトップの思いが、佐藤の心の中に芽ばえ、株式上場を実現させようという気持ちを強固なものにしていった。

オーナーならではの意思決定

「とにかく気が付くと、会長（佐藤洋治）は１人で先に走っていました。だからわれわれもワッとついて行かざるを得なかった。その姿には迫力がみなぎっていたし、走るのも凄いスピードだった」

こう話すのは、ダイナムジャパンホールディングス執行役の宇野幸治氏。

２０１１年６月に香港での株式を上場しようと準備を始め、それからわずか１年ちょっとで上場取引開始まで漕ぎ着けた。

執行役の宇野氏は、ダイナムＪＨのＩＰＯプロジェクトで、コントローラー、つまり調整役を務めた。司令塔である佐藤と事務局の調整、事務局統括を行うとともに、上場目論見書の重要事項の作製、整理を担った。

宇野氏はダイナムのメーンバンクの一つである第一勧業銀行（現みずほ銀行）出身。銀行時代は海外経験が長く、米国ニューヨークには通算10年間赴任。米国時代には米国の老舗ノンバンクで当時、第一勧銀子会社だったＣＩＴの上場に関わった。

ちなみにＣＩＴは１９０８年創業でファクタリング（売掛債権買取）という分野の大手。89年に第一勧銀が60％の株式を取得して子会社化。97年にＮＹ証券取引所に上場したが、翌年、第一勧銀は保有していたＣＩＴ株を手放すことになり第一勧銀傘下から外れた。そしてリーマンショックのあおりを受けて経営不振に陥り、２００９年11月チャプター11を申請して事実上倒産。資産規模が当時７１０億ドル（約６・４兆円＝当時レート）もあり、倒産規模で同年6月に倒産したＧＭ（ゼネラル・モータース）に次ぐ米国史上5番目の倒産と言われたことが記憶に新しい。

宇野氏は05年みずほ銀行から富士通リースに移籍、財務や経理畑で活躍していたが、11年6月にダイナム事業会社の監査役として移って来た。ダイナムＪＨの上場準備が忙しくなってきたため9月にプロジェクトに加わった。

ＮＹ上場を経験したので香港上場との比較ができる立場だが、今回の作業は「大変さがまるで違った」と語る。

何しろ日本企業で初の香港上場。関わる証券会社も会計士事務所も法律事務所も日本企業に慣れておらず、香港と日本の制度やシステムの違い、言葉の壁もあった。

全てにおいて初めてづくしの上場作業であった。しかし、ダイナムのスタッフはそうした難しい作業に立ち向かい、香港証券取引所の関係者も驚くほどのスピードでこなしていった。

社会性、信用、コンプライアンス

ダイナムＪＨが香港上場を実現できた最大の理由。それはやはり、実質的創業者でありオーナーである佐藤洋治の情熱、これ一点に尽きるのではないか。

パチンコホール経営の中で、地域と社会との繋がりを考え、そうした企業姿勢、企業理念に沿った経営を実践した。そうした思い、企業理念があるからこそ、収益面だけではなく社会性、コンプライアンス（法令遵守）の面でも確固とした企業体質作りを目ざしてきた。今回の上場もその企業体質づくりの一環としてきた。

例えば、日本ではカジノ法が今後2～3年後には成立すると考えられているが、その時、パチンコ業界はカジノとの棲み分けをする必要に迫られる。パチンコ業界の監督官庁とも言える警察庁は、パチンコを時間消費型レジャーとしての方向を定着させる意向である。

その方向に沿って、パチンコホール各社は２００８年から「低玉貸営業」を導入している。２０１２年3月現在、業界でのパチンコ機械の約35％で低玉貸営業を行っている。一方、ダイナム・グループは同期にはすでに55％の機械で低玉貸営業を行っている。こうした業界の動向を先取りする姿勢は特筆される。

ダイナム・グループではまた、ディストリビューションセンターや機械管理システムなど、業界他社にあまり見られない方法でローコストオペレーションを進めてきた。それと同時に内部留保に努めることで、金融機関からの信用も厚くなっている。現在ではメーン行であるみずほ銀行、三井住友銀行の大手2行が同社の株主に就いている。またこの2行から合計２５０億円のコミットメントライン（融資枠）の提供を受けるまでになっている。

コンプライアンスへの取り組みでは、各店舗できちんと法令が守られているか、また決められた通りの行動がとられているかをチェックができるようにするため、法務部11人、監査部41人、リスク管理部28人合計80人体制による店舗のチェック体制を整えている。これも業界の中では最も進んだ法令遵守の取り組みだ。

これら先進的な体制をつくるために最も重要なのが人材、ということになるが、人が集まりにくい業界にあって、１９８９年という早い時期から大卒社員を積極的に採用する努力を行った。

また業界で初めて労働組合を結成させているのも、人を経営の中心と考える佐藤の考えが最もよく現れているところだ。

大卒社員の率先採用

たった一度の人生。社会にも自分にも意義のあることをしていきたい――。佐藤はこれまでほかの誰もがまだやったことがない道を自ら切り開いてこうと努めてきた。

当然のことながら、そのためのリスクと負担と苦労は人一倍負うことになる。それを厭わない覚悟があったからこそ、上場も実現できたと言えよう。

たとえば前述のように、大卒社員の採用も、業界でもいち早く取り組んだ。ダイナムは1989年から大卒採用を開始している。今から20数年前のことであり、パチンコホールがどうやったら大卒社員を採用できるか、頭を捻っていた。

その当時、グループではレストラン事業も始めており、そちらの方ならば大卒を採用しやすい。そう考え、まずレストラン事業での大卒社員採用を開始した。そして経営の師と仰いでいる流通コンサルタントの大家、故・渥美俊一氏のある言葉を思いだし、それを実践していくことにした。

その言葉とは「大卒をつかむには、とにかく経営者が将来の夢を学生に語ってみせること」であった。

レストラン部門で大卒を採用したものの、その後、レストラン部門は縮小したため、本業のパチンコホールでの採用を真剣に考えていかざるを得なくなった。

当時、大学を出てパチンコホールの会社に入社することに対しては、正直、まだまだ偏見がつきまとっていた。

その評価を変えるためには、やはり上場も有力な手段の一つになるという思いがますます強くなっていった。

その思い、そして上場を一つの経営目標と考えて、佐藤は行動していくことになる。

社員研修、人材育成

佐藤は経営者として、ダイナム・グループの人材育成をどう考え、実践してきたのだろうか。人材育成への取り組みは、パチンコホール業界の中でも抜きんでているという評価を受けるまでになっている。ここまで来るには「人が全ての基本」という思想がその中心にあるのだが、その日々の実践例を順次見ていこう。

ダイナム・グループで大卒社員の採用を始めた１９８９年から現在までの23年間で、同社グループでは毎年、２００～３００人の大卒採用を継続して実施してきた。

これら学卒社員を含めて、全ての社員には入社後、全国に2カ所ある同社保有の研修施設で年に一度、集団研修が行われている。

山口県下関の研修施設

伊豆高原の研修施設

東日本では伊東市の伊豆高原にある「天麗３０１」、西日本では山口県下関市の川棚温泉にある「マリンピア豊浦」が研修施設。両施設とも一度に３００人が何日も宿泊できる大型の教育研修施設である。

ダイナムの人材教育の特色は「ほとんどのカリキュラムやインストラクターを社内の自前で行っている。外部の講師を呼ぶことが極めて少ない」（佐藤）ところにある。先輩が後輩の後ろ姿を見せることで、社員の自己啓発を行うことに力点が置かれている。

「一緒に寝泊まりしながら、後ろ姿を見せる。これが最高の自己啓発に繋がると思います。専門的でなくても、中身が拙くてもいいのです。一所懸命に皆さんに伝えたい、ということが大切なのです。これをずっと続けてきました」と佐藤は語る。

教える側も、教えられる側から学ぶことがある。つまり、教える立場は、学ぶことにも繋がるというのが佐藤の考え。知識を押しつけるのではなく、自分でものを考え、自分で何かを切り開いていくことを学ぶ研修である。

だから暗記もののテストなどで評価を行うことはしない。そのかわり、ディスカッションをしたり、本を読んで感想文を書くことなどを行っている。そうやって自分の考えを相手にきちんと伝えることができるようになることに、研修の眼目が置かれている。

もちろん、社会人として当然の挨拶などの基本を身につけてもらうことは社員研修では当然、行っている。

そして泊まりがけによる集団社員研修の良さは、やはり社員同士に仲間意識が生まれることにある。

全国から職場環境が違ういろいろな社員が集まることで、会社にはいろいろな仕事があっていろいろな人が働いている、ということをお互いに認識するようになる。個と全体についての考えを各人が持つようになる。ラグビーで言えば〝One for all, all for one〟、つまり個人は全体（社会や組織）のためにあり全体は個々人のためにある、という相関関係。個人は伸び伸びとプレーしながらもチーム全体の調和、協力のために尽力するという個と全体の関係である。

「ダイナムで一番、お金がかかっているのが研修施設なのです」（佐藤）というぐらい、社員研修には力を入れてきた。

ちなみに伊豆高原の施設はもともと日本航空が持っていた保養施設。マリンピアはもともと地元漁協などが作り運営していた総合レジャー施設だったところで、ここではかつてジャズ・フェスティバルなども開かれていた有名な場所。いずれも経営不振となり、売却先を探していたところをダイナムが引き受けて、研修施設として蘇らせたものだ。

ところでこの2つの研修施設はそれぞれ、土日には施設内の温泉を地域の人に開放しているそうである。近所の人が無料でお風呂に入りにくることができるのだ。ただし年齢の高い人には必ず付き添いが必要。それで風呂内の事故を防いでいる。

こうしたことにも同社の地域貢献の姿勢が表れている。

入社動機は「流通革命」

佐藤は終戦の年の１９４５年（昭和20年）、東京で生まれた。開成高校を経て64年に早稲田大学商学部に入学し、３年のときに宇野政雄教授のゼミに入った。この授業で初めて、「流通革命」という言葉を聞き、強く惹かれることになる。68年に大学を卒業すると、当時、その流通革命を実践していると言われたダイエーに入社。自ら、鮮魚売場の担当となる食品２課への配属を申し出た。

当時、スーパーの売り場で人気があるのは家電やスポーツ用品などだったが、〝非主流〟の鮮魚部門は人気が集まらなかったセクション。そういう状況だったので、新卒で鮮魚売場を希望してきた人間は会社にとっておそらく初めてだったのではないか、と回想する。

「90点取っていた科目ならどんなに頑張っても残り10点しかありません。20点しか取っていない科目なら4倍にしても80点です。一番弱い科目の点数なら上げる余地がたくさんあります」と佐藤。

何ごとにも挑戦するのが佐藤流である。香港上場まで、会社の上場を諦めなかった旺盛なチャレンジ精神は、もって生まれたもののようだ。大学を卒業して、チェーンストアのダイエーに入社し、鮮魚部門を自ら志望し、鮮魚の流通改革を自分の手で切りひらいて行きたいと申し出たところにも、その片鱗がうかがえる。

鮮魚売場は当時、スーパー各社とも専門の職人さんがお客さんの注文を受けてその場で魚をさばいて売る、という対面販売を中心としていた。手間ヒマを喰う仕事である。その結果、各社とも利益が上がりづらい構造になっていた。だから改革の余地も大きい、と直感的に感じ、希望したのだった。佐藤はその頃から、やがて世界の魚市場から商品がお店に並ぶ時が来る、ということを漠然と考えていた。だから、できたら魚を獲るところ、例えば遠洋漁業も経験させて欲しい、という希望も出していたが、それは実現させてもらえなかった。

ダイエーでは配属された関西のお店で朝から晩まで職人から魚のさばき方や、ウナギの焼き方などを教わった。

その間にも、毎日のいろいろな魚の売上げの数字を見たり、関西地区の他店の鮮魚売り場を観察するなどで、鮮魚売場改革の研究を進めていった。

それで気づいたことは、よく売れる魚はどこもウナギ、マグロ、タコ、エビで、いずれも冷凍で持って来られるものだということだった。冷凍技術の発達で、こうした冷凍の魚は、売場で職人がさばく必要がなくなっていた。売場で依然、さばく必要が出てくるのは、旬の季節の魚だったが、これについても、バックヤードでパートの人がさばくようにすれば、対面販売の必要はなくなるのではないか。そう佐藤は思案し続けた。そういうレポートを入社半年後に提出した。

このレポートは評判になり、当時ダイエー社長でダイエー創業者の中内㓛氏（故人）の目にもとまった。

中内氏はよほど嬉しかったのであろう。「新入社員がこんなレポートを書いたのだが、どう思うか」と言って、流通コンサルタントとして有名な渥美俊一氏（故人）にこのレポートを見せたという逸話が残っている。渥美氏は当時、日本の流通各社の創業者が師と仰いでいた流通コンサルタントであり、ペガサスクラブ代表という肩書きで活躍していた人物。

そしてその渥美氏が、日本のスーパーやドラッグストア、ファミリーレストランなどの草創期の各社の創業者を集めて、日本への浸透を図っていた米国発のチェーンストア理論を、その後、佐藤も実践していくことになる。

2店舗を355店舗に

佐藤がダイエー入社2年目の1970年、佐藤の父親が亡くなった。佐藤の実家は東京・亀有で乾物店を営んでいが、その一画で父親が始めたのが、小さなパチンコホールだった。1960年代の第二次パチンコブームに乗って、亀有と同じ葛飾区内の金町の2店を構えるようになり、68年にはダイナムの前身となる佐和商事を設立したばかりであった。

女1人男4人の5人兄弟の長男であった佐藤が、亡き父の後を継がなくてはならなくなった。そこで佐藤は、ダイエーを退社して2店のパチンコホールを引き継いだ。佐藤が24歳のときである。

店は繁盛というにはほど遠く、非常に難しい経営だった。経営が難しい理由は、いい人材がほとんどいなかったからだ。当時のパチンコ店の店員には、家出人や駆け落ちした人、また風来坊のような人が何日かいてまたいなくなってしまうというような状況が続いた。だからいい人材もなかなか集められなかった。

当時1店舗には最低20人の店員は必要だったが、気が付くと店員が3人にまで減ったときもあった。そのときは佐藤は朝10時から夜10時まで、12時間ぶっ通しで、食べ物はおにぎりやスナック菓子をほおばりながら仕事を続けた。店に寝泊まりすることもあった。

店に残ってくれた人たちとは、1日が終わると1杯飲みながら、「また明日もがんばろうな」と言って励ましていた。

ここまでしてお店を続けた理由は、とにかく父親が残した店は10年間は何とか続けよう、と決心していたからだった。10年後の次のことは、その間に勉強しながら打つ手を考えればいい、と思っていた。実際、お店はそんな状態で、とても次に打つ手を考える余裕などないというのが現実だった。

そんな中でも、チェーンストアのことはどこか頭の隅に必ずあった。いつかチェーンストアの理論を実践したいと考えていた佐藤は、そのころ、ブームになりかけていたファミリーレストラン経営に乗り出した。そして、実際に2店を開いた。

しかし、言うは易く、行うは難し。この事業はうまくいかなかった。ファミリーレストランは利益のコントロールが非常に細かいビジネスで、1店、2店という規模ではなかなか利益の出せる業態ではなかったからだ。

それに比べると、パチンコホールはずっと、利益を上げやすい業態であることがわかった。よし、よそ見をせず、パチンコホールの経営に打ち込もうという気持ちが、このファミリーレストラン経営の失敗でつのった。だが、パチンコホールの最大の課題は、人材が育たないこと、またいい人材が採れないことだった。その課題をどう乗り切っていくかが勝負の分かれ目だった。

パチンコホールもいい人材を補強していければ、チェーン展開の可能性があるのではないか。亡き父から2店を引き継いで10年以上が経ち、経営についてもある程度分かるようになってようやく、そういう考えを抱くようになった。

佐藤は渥美氏の主宰する小売業の勉強会「ペガサスクラブ」にも通い始め、そこでチェーンストア理論を実際に学んでいった。

1987年には佐和商事からダイナムに社名を変更、89年頃から業界でも初めてとなる大卒社員の採用に踏み切った。このころ、店舗数がようやく2ケタ台に入ろうと

1989年に開店した郊外型店舗１号店（新発田店）

していた。

社名のダイナムは「ダイナミック・アミューズメント」の意味。将来、日本のアミューズメント産業を担っていこうという大きな夢が込められた。

そしてそこから約20年間は拡大、急成長期に入る。

ダイナムが拡大、急成長できたのは、他店に真似ができない徹底した数字による店舗管理と、ローコスト運営を一貫して推し進めてきたからである。そのためには、社員教育を徹底して行い、幹部社員には全ての経営指標を数字でとらえる癖をつけさせた。ある意味でチェーンストア理論の徹底した実践である。

そして現在までに全国に346店（グループでは355店）を展開するまでに拡大した。

その決め手はやはり人であった。

「仙人」との出会い

佐藤を語る上で欠かせないのが、人的なつながりの広さ。佐藤は人と人のつながりの中で、自らを磨いていこうという出会いを大事にしてきた。様々な先人たちとの出会いがあるが、中でも、佐藤が今でも「おっさん」と親しみをこめて呼ぶ人物との出会いについては触れなくてはならない。

佐藤がその人と出会ったのは1997年。山一證券や北海道拓殖銀行などが破産するなどして、日本の金融機関が大いに揺れたころのこと。1980年代後半に生じたバブル経済が崩壊して、金融界は不良債権問題が一気に噴き出し、世相も暗くなっていったときである。

あるとき知人から「佐藤さんは『仙人』に興味はありませんか？」と聞かれたのが

きっかけだった。

「仙人？」――。現代の世の中にそんな人がいるのか、といぶかしげに思った佐藤が、それでは本人をと紹介をされた。千葉のあるところで会った。

以来、その仙人から話を聞こうと定期的に会うようにした。

以前から、人が生きることの意味、人はどこから来てどこへ行くのか、自己の存在や生まれてきたことの意味とは、などについて、頭の中を巡らしていた佐藤には、その人の話には何か惹かれるものがあった。

この人はもう亡くなっているが、仙人なので名前はないから、ある「おっさん」ということになっている。おっさんは、根本的なテーマは4つあると語った。自我とは何か、人間とは何か、生命とは何か、そして実体とは何か。４つの根本命題は過去と現在、未来に渡っての重大な命題だとも言うのである。

「ただその話には体系的なものはなく、ぶつ切りの話がただぽんぽんと出てくるだけなのです。いくら聞き込んでも、話の全体は繋がらない。10年ぐらい気になってフレーズがわたしの頭の中を渦巻いていたのです。するとある時、それがだんだん繋がって、全体像ができてきたんですね」（佐藤）

すべてこの世に存在するもの、政治も、経済も、科学も、芸術も、スポーツも、あらゆるものは通底するテーマで繋がっている、ということがだんだんと佐藤にも思えるようになってきた。

自分がこの仕事をやらされているのは、たとえビジネスが辛くてもやめろということではなくて、ある使命があってこの仕事はやらされているのだと。

でもそれは本筋の話ではなく、一番大事なことは、その4つの命題の方なのだ、ということがわかってきた。その枝葉のところにビジネスがあったり、世の中のいろいろなことがある——そういうことが見えてきた。

この仙人との出会いが、生きることの意味を求め続ける佐藤にとって大きな刺激、啓発になったことは間違いない。佐藤は今、仙人と出会えた幸運に感謝している。

ダイナム・グループが、社会や地域との共生を重視し、社会貢献活動や社員の自己啓発活動に力を入れてきたこと、そして佐藤自身が財団活動でアジアは一つという活動に力を入れていることと、この人との出会いも、決して無縁ではないだろう。

生活観

シンプル・ライフ――。佐藤の生活は至ってつつましいものだ。葛飾区内にある自宅から、台東区日暮里のダイナムＪＨ本社まで、毎朝、電車で通っている。

ダイナム規模の会社になれば、経営トップはお抱え運転手付きの車で通うのが普通だが、佐藤はそれを嫌う。「電車通勤は楽しいですよ」と笑いながら話す。大衆を相手にしたパチンコホールの経営者として、国民と共に歩むという佐藤の姿勢がこの通勤にも現れている。

しっかり地に足をつけて生きる。日々の同じ行いの中にも、こうした基本軸を崩さず、堅実に生きようという佐藤である。

第6章

佐藤洋治・ダイナムJH社長
直撃・ロングインタビュー

佐藤洋治・ダイナムジャパンホールディングス社長

（略歴）**さとう・ようじ**
１９４５年生まれ。64年開成高校卒業、68年早稲田大学商学部卒業後、ダイエー入社。70年佐和商事（現ダイナム）入社、78年社長、２０００年会長（06年退任）。03年ダイナム総合投資社長（07年退任）。06年ダイナムホールディングス（現ダイナムジャパンホールディングス）社長に就任。

法律的な問題も全てテーブル上で議論された

――ダイナムジャパンホールディングスが8月6日、香港証券取引所に上場しますね。これまでの経緯をざっと話してくれませんか。

佐藤　ダイナムの上場に関しては、まず「ＩＰＯに関する社内アンケート」というやり方で、今回ＩＰＯに関係した社内の関係者から今年3月にアンケートを採っています（社内アンケート回答を参照）。内容は詳しく見ていただければわかりますが、要するに社内でＩＰＯに対してどういうふうに捉えているかですが、みんな非常に前向きに捉えていることがわかります。

香港上場に関しては、昨年（２０１１年）６月頃から準備を始めて、今年（２０１２年）１月13日には香港証券取引所へ正式に書類を提出し、受理されました。

日本の証券取引所と香港証券取引所では大ざっぱに言って三つ、違いがあるのです。

１番目は、監査法人による監査の違いです。日本では１年ごとに監査をし、１年終わった段階でサインをして監査証明を出します。ところがダイナムの香港上場の場合、国際会計事務所が日本に来て、わずか４カ月ぐらいで過去３年分の領収書、伝票を検証して、ＩＦＲＳ（国際会計基準）に組み換え、３年さかのぼって追認してくました。これで取引所に正式な会計報告書を出せるのです。日本ではそれができません。香港の方が国際基準であり国際的です。日本は対応が遅いと思います。これは会計事務所の違いが如実に出ている部分です。

２番目の違いは、日本で上場する場合、大手の証券会社がすべてを一元的にやってくれます。会計士も弁護士もすべてのハンドリングをやってくれます。株の引き受けから売り出しまでやってくれます。ですから、大手証券会社と契約すれば、非常に会社側は楽です。でも香港はそれがありません。

ないということは、会社側が専門の業者とすべて個別に契約して、会社側がハンドリングしなくてはいけない。それでダイナムは、27社と契約しました。

――これはまた大変ですね。

佐藤　大変なのです、これが。この27社の一覧も作りましたのでどうぞ（別表参照）。このように会計事務所や弁護士事務所、さらに財務関係の内部統制専門家、ＩＦＲＳ基準での財務諸表作成などなど。法律事務所だけでも複数社との契約が必要になります。

――それは担当する部署が違うからですか？

佐藤　担当する相手が違うのです。例えば、ダイナム側の法律事務所にも、日本における弁護士事務所と香港におけるダイナム側の法律士事務所が必要です。それ以外にスポンサー側弁護士が必要になるのです。スポンサーというのは、香港では幹事証券会社のことを言います。その弁護士です。こうやって、それぞれの立場の違う弁護士事務所が互いにチェックし合います。

――これはコストと手間がかかりましたね。

佐藤　もちろんかかりました。ですから、このへんは非常にエネルギーとお金がかかかります。

それと、今度は逆に、香港の方が日本より後れている面もあります。それは、香港では紙の株券を発行していることです。日本や他の国、国際的にはもう株券は発行していませんよね。香港では、ようやく昨年あたりから、少しずつ新規上場の方たちに、株券を発行しない、HDR（香港預託証券）というやり方も始まっています。

ところがHDR方式で引き受けられる会社は香港に4社しかありません。JPモルガン、シティ、ドイツ銀行、バンク・オブ・ニューヨーク・メロンの4社です。この4社でしかHDR方式でのハンドリングができないのです。それで、ダイナムはこの4社に全部、当たりました。香港の人たちは皆、前向きでぜひ引き受けたいと言ってくれたんです。ところが、この人たちが東京の自分たちの事務所に問い合わせをすると、なぜか東京事務所が全部ノーを出してくるのです。それで結局、この4社とは契約ができませんでした。だからダイナムは香港では株券発行方式でいくことにしたのです。

ただ株券だと、将来、東京で上場を考えた場合、東京では上場ができません。

――これはどうしてですか？

ダイナムＪＨが香港上場で契約した27社一覧

弁護士事務所

- Baker & Mckenzie
- Deacons
- Ropes & Gray　LLP
- 曾我法律事務所
- 西村あさひ法律事務所
- 三堀法律事務所
- DLA Piper 東京パートナーシップ外国法共同事業法律事務所

財務・会計関連

- 新橋監査法人
- 清和監査法人
- 村山公認会計士事務所
- RSM Nelson Wheeler
- RSM Nelson Wheeler Consulting Limited
- (株) エー・ジー・エス・コンサルティング
- Censere Holdings Limited／(株) グローバル・パートナーズ・コンサルティング
- Avista Valuation Advisory Limited
- DTZ Debenham Tie Leung Limited
- (株) あすく数理人事務所

証券会社・その他

- Shenyin Wanguo Capital (H.K.)limited（申銀萬國証券）／申銀万国インベストメントアドバイザリージャパン株式会社
- Piper Jaffray ASIA Limited
- CITIC Securities International（中信証券國際）
- Computershare Hong Kong Investor Services Limited
- REF Financial Press Limited
- 宝印刷株式会社
- (株) エンタテインメントビジネス総合研究所
- (株) 矢野経済研究所
- みずほマネジメントアドバイザリー株式会社
- Strategic Public Relations Group Limited

佐藤　将来もし東京で重複上場しようとすると、その株券を全部回収しなくてはいけなくなるからです。手間とコストがかかり、現実的に不可能です。

４社が引き受けてくれなかった理由は、日本でパチンコホールが上場できない理由と同じではないかと思っています。つまり、日本に問い合わせて、パチンコホールの上場は一律にノーだ、ということになってしまっているのです。個別に見てくれないのです。

話が戻りますが、香港上場を考えたきっかけは、実は一冊の本からなのです。この本、『すぐわかる香港ＧＥＭ上場　シンガポールＣａｔａｌｉｓｔ上場』（南方三千雄・石川耕治著、２００９年、中央経済社）です。香港ＧＥＭ、シンガポール・カタリスト上場というのはそれぞれ新興市場のことです。メーンの市場ではありません。そこに上場しませんか、という本ですね。この本を参考にして、著者の２人にお会いし、香港、シンガポールの上場について話を聞きました。そこからこの上場がスタートしたわけです。

これが２０１１年春先頃です。実際のアクションは、香港証券取引所の審査の責任者の方に初めてお会いした２０１１年６月１日から３日ということになりますね。会って話をし日本の事情を話しました。そうすると、香港では、国内法で違法ではないというリーガルオピニオンを提出すれば正面から取り扱いましょう、と言ってくれたのです。

それ以来、香港に毎月のように出張して、いろいろな方たちとお会いしました。逆にこの27社の香港の方たちも日本へ来て作業してくれたりもしました。

――半年かけての作業でようやく上場の申請にたどり着いたということですね。

佐藤　そうです。それで、国際会計基準にのっとった会計を行い、半年間で申請書類を準備し、1月13日には申請に漕ぎ着けましたが、それからは今度は、証券取引所の方から、質問が何度も来ることになります。それも何十問という質問が一度に来ます。1回目、2回目のときは約１００問の質問が来ました。それでそれを弁護士や会計士、幹事証券などとダイナムがやりとりをしながら全部、英語で作って回答していった。そうやってやりとりしながら審査が進むのです。

だから今回は、日本で上場できない理由とされた三店方式による換金のやり方などについても全部、法律的な意見を含めたやりとりがテーブルの上で議論されているのです。

——そこが重要なポイントだということですね。

佐藤　はい。ここは大事なところだと思います。だから、日本でパチンコホールの上場が一律にノーだ、ということなのであれば、何がいったい問題なのか、ということが初めて、公のテーブルの上に乗って議論された、ということなんです。

後に続く人がどんどん出てくれれば……

——この上場は業界にとっても大きなインパクトになりましたね。

佐藤　ええ、そうなんですが、業界の中には上場することに反対の人たちもいるでしょう。なぜなら、今うまく商売をやっているのだから、経営を公開しなくてもいいと。要するに、余計なことをしてくれるなという気持ちもあると思います。

——上場は個別の問題だと。

佐藤　そうです。上場はもともと、個社の問題なのです。業界の問題ではないという面があります。

——それでも、ダイナムの上場が業界の少なからぬ企業に刺激と啓発を与えたというインパクトがあります。国内でも上場できる可能性が出てくるのでは？

佐藤　おっしゃるとおりです。だから、たとえばあるネット証券会社トップの方の読みでは、今までは証券会社がリスクを背負いたくないだけなのだから、香港取引所が審査をしてＯＫするとなればリスクはなくなるのだから、みんな手を挙げてくるのではないか、と言っています。

やはり株式公開をするということは、すべてをディスクローズ、つまり経営情報を公開していくということですから、そういう意味では、少しでも明るく、風通しがよくなるわけです。だから、少なくとも負の部分は払拭されてゆき、プラスの方向に動くと思います。

だから、パチンコホールも一緒です。少なくとも業界の中で、少しでも明るく風通しよくしたいと考えている人たちには刺激を与えることは間違いないですし、行政としても、公開企業が出たことに対して対応せざるを得なくなるのではないかと思います。より社会との関係が大きくなるわけですからね。ですからいずれ、変化が出て来ると思います。

いずれにしても、これから後に続く経営者は、かなり出てくると思います。それで香港で上場できれば今度はシンガポール、日本、ソウルなど、世界中の取引所でＯＫになると思います。ですから、業界の人にはチャンスがもっと増えます。

――現実の香港上場ではどれぐらいコストがかかったのですか？

佐藤　トータルで10億円くらいかかったと思います。間接費も入れて。

――これが日本のジャスダックであればもっと少ないコストで済むと思うのですが、そこまでして上場したいという熱意はどこから来るのですか？

佐藤　もともと、20年がかりで、平成元年に当時の警察庁保安課長だった平沢勝栄さん、今は代議士ですが、彼がプリペイドカードを導入するので協力して欲しいということで、業界の陰の部分をクリアにして、社会から業界が評価されるようにしよう、ということで、経営情報の公開が始まったといういきさつがあります。そのときに、これで株式公開もできるようになる、という期待があって協力したわけです。それ以来、24年が経ちました。

ところが現実には上場は全然、進まない。進まないどころか、申請をしても、受け付けてもくれないような状況になってしまった。

この状況に対して、やっぱりどうしても業界の前向きな経営者の方たちのためにも、公開ができる業種にしなくては、という気持ちが募りました。そうでなければ働く人たちの気概もなくなってしまいます。

ですから、今回の香港上場は、ダイナムで働く人たちすべてにとって、たいへん大きな励みになるものなのです。


――実際、これは社員や関係者にとって、大きな励みになりますね。今、業界全体では雇用が30万人ですか。


佐藤　32～33万人いると思います。

それと、二つ目に、日本のマーケットは、正直言って、未来に向けて拡大していかない、という危機感がありました。人口減少です。少子化、高齢化の状況が進む中で、やはりビジネスチャンスが小さくなってくることに対しては、業界にも危機感があります。そこで、将来性のあるアジアに一歩踏み出したいという気持ちがありま す。次のビジネスを、アジアに焦点を当てていくためには、もっともハードルの高い香港マーケットでの上場に挑戦する。これをスプリングボード（跳躍台）にして、アジアという舞台で、次のステップに踏み出したい、ということがあります。

この二つが最大の理由です。

――今、例えば中国には、パチンコのようなゲームは存在しているのですか?

佐藤 ないと思います。

――韓国はいったん始めて禁止されたようですね。

佐藤 韓国ではアーケードゲーム、コンピューターゲームの形で、いったん、文化観光庁がITのコンテンツ産業を育てたいという意図の下に広まったのです。ところが法律的にノーという結論が出されました。この判断が出る一年ぐらい前に、韓国に行って研究したことがあるのですが、そのとき文化観光庁では、現状ではルールがなくて24時間営業で射倖性もコントロールできていないし、それに反社会的な組織が実際に経営にも入って来ている、ということで絶対に社会問題になりますから、ダイナムがもし韓国に進出してきても絶対につぶされますよ、ということを言っていました。

実際、いろいろな問題が一気に出てきて、もうこれは韓国の国会としてはノーと言うしかない、という状況になったわけですね。だから今残っているのはアンダーグラウンドのところでしょう。非常にもったいないことをしたなと思いますね。

――アーケードゲームで換金性のあるゲームを導入したわけですか。

佐藤　そうですね。大人のゲームという形で。それが換金のレートもエスカレートして非常に制御が利かなくなった。

――日本の警察庁のような関わり方はできてなかったのですか。

佐藤　できていなかったようです。だから将来、機会があれば、本当に大衆娯楽として健全に発展する状況になれば、挑戦したいと思っています。

中国でも、韓国のようなアーケードゲームは日本以上に発展しているのです。コンピューターソフトで、こんな大きなモニターで、すごくきれいな映像で、すべてがその中で、ゲームがされて、点数が加算、減算されながら、最終的にそれをポイントにするわけです。そういう意味で、機会があったら将来、中国でよいパートナーが見つかれば、やってみたいという考えはあります。

――中国は市場として可能性はあるということですね。

佐藤　中国はあると思います。中国で最近、非常に伸びているのが宝くじなんです。福祉宝くじと、スポーツ宝くじ。この二つの系統で、相当、売り上げと店数が伸びています。これはもともと公益事業ですから、その資金源は公益に行くのですけれど、運営は民間がやっています。

そのほか、デパートのフロアを使って、いろいろなゲームで点数が表示され、その点数が生活物資と交換ができるというものがあります。これはどうもアメリカ発らしいのですけれど、最近、中国でどんどんこうしたゲームが登場して来ています。これはちょうど日本のパチンコのような感じのものなのです。

そういう意味では中国は可能性があると言えますね。

「たいへんアグレッシブ」と香港証取から反応

――ではこの時期、香港証券取引所で上場することの意義についてはどう考えますか?

佐藤 リーマンショック以降、急速に世界の取引所が変化してきたと思います。特に香港市場は2010年9月くらいから、それ以前は、中国本土か香港か、ケイマン諸島、バミューダ島、この4カ所の地域に本社がある会社が香港に上場ができるという制約の枠を、広げるようになったのです。

これで欧米の約20カ国の企業が、香港で上場ができるようになりました。その場合の基準としては、香港並の株主保護が国内法でできるような国、ということです。そういう国の企業に対しては香港で上場の機会を与えるということを打ち出してきたわけです。

――これは市場環境などの問題が背景にあったわけですね。

佐藤　はい。国際マーケットの競争という原理が働いて、香港は世界中から、優良な企業を香港に持ってきたい、という意図が働いてきていました。それで、２０１０年９月くらいから新しいルールを設けたわけです。

その流れの中で、ダイナムとしては、２０１０年11月くらいから、香港か、シンガポールか、韓国ソウルのコスダックでの上場の可能性を探ってきたのです。海外市場のほうの可能性がかなりあると２０１０年の暮れには、そういう状況が分かってきたのです。

明けて２０１１年、今度はさきほどの本の著者の２人、弁護士の石川耕治さんと公認会計士の南方美千雄さんを呼んで、シンガポールと香港それぞれの市場について話を聞きました。それで、これは先ほどの話の詳細になりますが、弁護士の石川先生から一度、香港に行ってみませんかというお誘いがあって、それで２０１１年６月１日に石川先生と、ダイナム側は私と通訳の林君で取引所を訪問したのです。

取引所では審査の責任の方が出て来て、いろいろ話していたら、香港ではきちんとした手続きを踏んでくれれば、きちんと審査をします、という、非常に力強い、前向きな話を聞くことができたのです。

この手続きというのは、それぞれの企業が、それぞれの国内法に抵触してない、という弁護士の意見書を出してもらうというものなのです。それならば是非やろう、という気持ちが固まって、その場で、「今年中には申請書を出します」と言って帰ってきたのです。6月1日でしたから、だから申請書は12月中に出すと。

そうしたら、その審査の方が「不可能ではないと思いますいけれど、たいへんアグレッシブですね」と、逆に評価をしてくれたんですね。

でも実際にはそれから7月、8月と過ぎて、それから本格的に作業をはじめて、4カ月で何とか申請書類を提出したい、ということでやってきました。

実際に作業をやってみて、日本と一番違う、難しいと思ったところは、例えばいろいろな文書をつくるときに、履歴書一つとっても、その裏付けとなる資料を全部添付しなさい、ということになることなどです。

――大学卒なら卒業証明書が必要だとか？

佐藤　そうですね。証明する書類を全部、添付しないといけない。やっぱり、国際基準というのは、それぐらい厳しいということなのです。

それで、裏付けをする資料をつくって添付するとなると、添付資料が何倍にもふくれあがりますから、目標にしていた12月の申請は非常に厳しくなり、それでも結局、12月22日の目標から３週間遅れて１月13日に申請書を出すことができたのです。

――先方からアグレッシブだと言われたということですが、普通なら香港ではどれぐらいの日程で申請するものなのですか？

佐藤　普通は少なくとも８カ月は申請までの準備が必要だと思います。それに２カ月から４カ月がプラスされるのが通常だと思います。だから10カ月は作業にかかると思います。やはり、１年から１年２カ月ぐらいは準備に時間をかけるものでしょう。

――それを半年でやったと。

佐藤　はい、半年で出しますと言ったから、先方はびっくりして、本当かと。

――社内の反応はどうでしたか。

佐藤　社内の反応は、今まで日本でできなかったものが香港でできると考える人は、正直言っていなかったでしょう。だから非常に積極的に参加しようという気持ちの人は最初はいなかったんですよ。

だから、ある意味では、こちらが命令して、参加しろと言うしかなかったですね。実際、周りは、香港にいる関係者も含めて、少なくとも11月くらいまでは、日本からたくさん情報をもらっていますから日本の状況もわかっているわけですね、だから、日本で上場できないものが何で香港でできるのか？　という思いの人たちがほとんどだったと思いますね。

だから、うちは契約したからやっているだけ、という態度が見え見えの事務所や証券会社もありましたね。こちらは逃げられたら元も子もないですから、頭から押さえながら、脅したりなだめたり持ち上げたりしながら、何とかつないでいきました。12月に入ったら、さすがにすべての人たちが、ダイナムという会社をよくよく調べて、関与してみると、非常に組織もコンプライアンスもよくできている、考えている以上の会社だ、ということがわかってもらえたようです。

それから後はもう、社員たちも全員が上場できると自信を持って仕事に当たっていました。でも11月までは正直なところ、半分逃げ腰だったのです。

――実際にそういう態度だった？

佐藤　はい。まあ、上場できなくても佐藤さん、他のことでいろいろお手伝いしますよとか、余計なことを言われたりしてね（笑）。

――やはり成功に導くのは、何といってもトップの熱情です。周りが反対すればするほど、プロジェクトを推進する人もそれこそ背水の陣で臨むし、真剣味も高まっていく。成功する率が高いのは、そういう理由があるからですね。

佐藤　ええ、ある意味では、そういう面で、わたしも孤独でしたね。しかも今回は、上場のためのコストで10億円というお金がかかる。会社のエネルギーもかかるのですからね。それだからこそなのでしょうか、社員の間とはものすごく濃密な関係ができました。

――どれぐらいのスタッフが上場の作業に関わったのですか。

佐藤　だいたい中心になったのは７人です。

それで、うまくいかなければ、役員たちをはじめ社員が、このスタッフたちを責めに来ます。だからこそ真剣に取り組むしかない。もう中途半端にはできないのです。

中途で投げ出せない。だから、とことんぎりぎりまで努力して、それで駄目だったら、駄目の理由はこうだと、こういう理由で先方は駄目だと言っている、というようなことを毎日とことんやり合いました。だからそこまでいくと、あとは最善を尽くして天命を待つしかないと。それまでは最善を尽くしているのか、そこまではどんなことをしてでもぎりぎり、やれるだけはやろう、とお互い励まし合ってやって来ました。

だから、わたしもときには相当厳しく担当者に当たったこともありました。私は持株会社の社長で社員に直接、命令を下す立場ではないから、普段はそんなことまではしません。でも今回の上場では、司令塔を担ってきたつもりです。そうすると、担当者に直接言うしかない。直接言うと、ときに当たってしまうこともある。なかなか前に進まないときは、そうするしかない場合もありました。

――そのとき、担当者はどう反応でしたか？

佐藤　例えば、それはとても難しくて自分はそれができる器じゃないとか、とても無理です、というような言い方をしていましたね。

――言葉の問題もありましたか？

佐藤　言葉の問題というよりも、去年の11月まで障害になっていたのは、日本で上場ができないことで、香港に何回行っても香港の証券会社の人が相手にしてくれなかったこともあったんです。だから前に進まなかった。

そういう状況が続く中で、売り出しでもいくつかの証券会社でどんどん売り出しをやってくれなくてはいけないのに、また幹事証券でももっと力のある証券会社を説得しなくてはいけないのに、香港で株式のハンドリングができる会社を全部回って話しても、ラチがあかないこともありました。だから非常に、これは無理なのかな、という気持ちに陥ることが何回もありました。

――それを乗り切ったのは何だと考えますか。

佐藤　それはもう、少なくとも香港という国際的な取引所は、ルールが明確なので、きちんと手続きさえ踏めば、ちゃんと個別に見てくれるはず、という1点に尽きます。そのルールに則って、最後までやり抜こうじゃないかと。

だから、日本からのネガティブなうわさを聞いて、ほかが何を言おうが、そう言う人たちは全てを掘り下げてものを見てはいないのだと。法律的に専門家が掘り下げてはいないのだ、そのように風評でものを決めるのはとんでもないこと、少なくとも日本の国内法に抵触していない自信がわれわれにはある、これをきちんと遡上《そじょう》に載せて見てもらおうじゃないか、それまでは絶対に退けない、誰が何と言おうが引き下がるわけにはいかない、ということでした。

――その思いですね。

佐藤　ただ途中ではやっぱりプロジェクトに参加した人びとの中から、いろいろな支障が出て来て、前に進まない場面も出てくる中で、少し力不足で無理です、という言葉が出て来くると、それはしようがない、分かったと。下りてもらって別の人でやるしかない、ということも何回かありました。これは仕方がありません。

――27社の中には日本の印刷会社の宝印刷が入っていますね。ここはどんなことをするのですか？　昔は株券の印刷などを行っていましたね。

佐藤　この会社は主に翻訳をやってもらいました。日本ではもう株券発行をやっていないので、今はＩＰＯのお手伝いや翻訳業務などをやっている会社ですね。

香港で株券を発行できる会社はいま、2社しかありません。コンピューターシェアと、トライコという会社です。

最初は、これもちょっと複雑な話なのですが、ある日本のアパレル会社が香港で上場を準備していたのです。その会社が中国進出するのに香港で上場したかったそうです。審査は全部、通ったようなのですが、いまでも上場していません。どうして上場しないのかは分かりませんが、審査は通過しています。その際に、コンピューターシェアと日本の大手信託銀行がドッキングして、日本の株式と日本以外の株主が一元的にオンラインで結ばれ、日本ではその信託銀行が取扱いをして、それ以外は香港でやる、というシステムを4カ月かけて構築したのです。そうすれば株券を発行しないで上場ができる、という状況までいきました。

それで、当社はそのことをコンピューターシェアから聞き、この信託銀行を紹介してもらいました。行って上場の話をしましたら、ここでもまたノーだと言うのです。この信託銀行も風評だけでそう判断してしまっていたのです。

それで、結局、ダイナムは香港では一般的な株券発行で株式を管理していくしかない、ということに決めたのです。

――そうすると一方で、生株券を発行すると、日本でのダブル上場はできないことになるわけですね。

佐藤　できません。日本では株券発行をしませんから。一つの会社が定款で、株券を発行する、発行しない、と二つのことを書くわけにはいきません。

——香港の証券取引所自体が将来、株券を発行しない、ということになった場合はどうなるのですか？

佐藤　将来はその方向に持っていきたい、というのは明らかですけれども、すべての上場企業が株券を発行していますから、いっぺんには移行できないでしょうから、同時併行でしばらく行くしかないようです。

それで、香港での上場がうまくいって、1年くらい時間が経過した後に、発行した株券を全て回収して無発行での仕組みに変えれば、日本でもダブル上場ができる体制は整うのではないかと思います。

企業オーナーが活躍しやすい香港の環境

——香港そのものに関しては、佐藤さんはどう評価していますか。世界の中でのポジション、その可能性についてどう考えているのかを聞かせてくれませんか。

佐藤　香港は地理的に言えば日本から飛行機で4、５時間かかる距離ですが、香港からアセアン諸国は実に近いです。１時間、２時間で行くことができます。ですから、そういう意味で、香港のほうがアジア全体を見る地理的条件は整っています。

そして香港は、ある意味で国際金融センターとしての機能が、大体全部そろっています。それで、極めて自由な雰囲気があるのですが、ただし、中国への返還が15年前に行われています。１９９７年にですね。

その際に向こう50年間、今の制度で行きます、ということになっていますから、あと35年間は今の制度で行く、ということですね。

しかし現実には、正式には、中華人民共和国香港特別行政区なのです。国としては中華人民共和国です。最高責任者は現在は胡錦濤さんです。ですから、中国の影響が年々強くなっていくでしょう。それはまぎれもない事実です。

日本では、中国の将来は分からない、という意見もあることは事実です。シンガポールのほうが日本やアメリカに近い、シンガポールのほうが将来、安心だという意見があります。

しかし、いま現実に、今の日本の状況を見ると、中国との貿易量は実にアメリカを抜いているわけです。対中国、対香港、対台湾、そういう貿易量を考えると、ものすごい額に達していくと思います。

だから、アジアとの貿易関係がもっと広がっていくことを考えると、貿易関係というのは、実に日本は現在でもそうですけれども、将来もっとうまく中国との関係を保ちながら共に発展していく方向に行かざるを得ないことを考えると、今からよきパートナーになっていくことは必然性があると思っています。

——中国と台湾の問題もそうですね。台湾の人たちがもう300万人、中国本土に渡って働いているといわれますね。

佐藤 そうですね。中国と台湾との間では経済的にはものすごくつながりが強くなっています。

経済交流、あらゆる交流がどんどん進んでいけば、いずれやっぱり国の壁とか、そういう障壁が解消されていく可能性は大きいと思います。

——香港のダイナミズムというか、意志決定の早さは何から来ると思いますか。

佐藤 そうですね。香港では税制の支援もあってか、オーナー経営者の意欲が衰えないというのがあるのです。

――それは常に政府レベルで成長を考えているからですね。

佐藤　ええ、一番大きいのが税制ですね。特に所得税は上限が16％ぐらいです。それから贈与税はゼロです。生前贈与すればいいわけですから。それから、消費税もゼロ。法人税、地方税は合わせて16・5％です。だから香港に籍のある企業のオーナー経営者は非常に、ある意味ではオーナー色が強いのです。

――オーナーが経済活動をしやすいからですね。

佐藤　そうです。あとイギリスの文化が非常に色濃く残っていると思います。ある面ではイギリスの階級社会のような分業が残っていて、あらゆるところで分業になっていますね。それに男女間の格差がないこと。だから弁護士や会計士にも女性が相当多くいて、高収入を得ています。

ですから、家庭の主婦で弁護士、会計士をやっている人たちは朝食は家でつくらないですね。だいたい家にはフィリピンなどから働きにやって来ているメードさんがいます。一部屋を与えて家事周りのすべてをやってもらう。それに朝も昼も夜も、ものすごく外食比率が高い国ですね。

――子どもはメードが見ているわけですか。

佐藤　そうですね。香港はそれぞれいろいろな分野の人たちが自分たちの目標を描きやすいところなのではないかな、という気がします。特に、手に職のある人たちは、どこでも引っ張りだこで給料は保障されていますから、どこにでも行けるのです。

――資格や特殊技能が必要な職種のビジネスマンは転職がしやすいと。

佐藤　そうですね。

――1997年の香港の中国への返還のとき、カナダや豪州に移住していった香港の経済人が多くいましたね。その人たちがまた、香港に戻って来ているのですね。

佐藤　そうです。その最大の象徴はHSBC、香港上海銀行ですね。ここは今、世界最大級の商業銀行になっていますね。総資産ではいま世界最大級です（2011年6月末現在で216・8兆円＝世界2位）。もともとイギリスの銀行ですが、彼らは1997年の返還ですぐ、香港からロンドンに移りました。それがまた戻ってきているのです。

――改めて、世界の投資家に対して、ダイナムはどういう理念を持って、どういう方向に進むのかを説明してくれませんか。

佐藤　国際的に見ると、ダイナムはゲーミングの範ちゅうに属します。香港でも、株式の分類はカジノのジャンルに入っています。ですから、もう完全にゲーミングの世界です。ただし、カジノとは違うゲーミング。要するに、リミット、上限が決まっているのです。だから、射倖性を押さえられた大衆娯楽、日本の国内法では大衆娯楽になっています。意外とこの大衆娯楽が何十年、ダイナムで言えば、今年45期、非常に大衆に根付いた娯楽として、安定したお客さまと売上と収益が得られる状況にあるということです。

そして、そのことは香港で初めての日本のパチンコ産業の企業として、すべて数字もオープンになるわけです。

香港の市場関係者の方々は皆さん、びっくりしています。こんなに業績が安定しているのかと。売上高もそれなりのボリュームがあります。

ただし、日本でのパチンコホールの売上げは、貸し玉料を売上げにしています。お客さんがお金を払って玉に交換する、例えば1000円で玉に交換する。そうすると、1玉4円なら250個、1円なら1000個ですが、その250個や1000個の玉はお客さんがプレーをするのか、景品に交換するのか、まだ決められていません。要するに、会社側は１０００円というお金の収入はあるけれども、お客さんに対してはまだ負債があるわけです。それを売上げで計上するのはおかしいのではないか、という議論が出てきました。

だから香港では、預かったものを売上げと言わないと。最終的にお客さんがその玉をプレーして、なくなったり、またはたくさん増えて景品と交換したりして、すべての景品を考案した結果、お店が残った粗利益を売上げにしましょう、ということになりました。

要するに、今回、初めてダイナムが香港で上場したことで、国際会計基準では、パチンコホールの売上げはネット売上げで計上する、ということになったわけです。

――これは画期的なことだということですね。

佐藤　はい。そうすると、これまで年間９０００億円ぐらい貸し玉料の売上げがあったものが、実は１６００億円ぐらいになるのです、ネット売上げだと。１６００億円から１７００億円ぐらいです。それで経常利益が約３００億円、税引き後利益が１６０億円ぐらいです。１６００億円の売上高で１６０億円の利益を得られる企業ってすごいじゃないか、ということになるわけです。

――逆にそういう評価になったわけですね。１兆円近い売上高の計上ならそうはいかなかった。

佐藤　10％利益が出せる企業は国際的に見ても優良企業だという評価になるわけです。ですから、そういう意味から言うと、この数字は決して小さくないと。カジノ企業と比較しても決して劣らない、という評価を得ています。

阪神淡路大震災で地域に根ざした店の役割を再認識

――ではカジノとの違い、もっと前向きに、パチンコのよさとは何だと考えますか。

佐藤　カジノは非日常的な空間で24時間営業していますね、どこに行っても。結果的には持っているお金を全部はたいてしまうようなところがあります。だから毎日行けないわけです。物理的にも。

でも、パチンコというのは日本の国土の中で大衆娯楽としてすでに定着しています。おじいちゃん、おばあちゃんも含めて、１０００円、２０００円から遊べます。

そういった仕組みを提供しながら、毎日、何時間いても遊べる。そういう大衆的な、ギャンブル性よりも娯楽性をうまく提供しているところが、安心感とか、安定性につながっていると思うのです。ここが国際的なギャンブルと全く違うところです。

――パチンコはカジノとは根本的に違う、ということですね。とりわけ今回の東日本大震災でも、地域に根ざした娯楽産業として注目されました。

佐藤　はい。実は、阪神淡路大震災のときも、わたしは震災後10日後に神戸の地元に入ったのです。

ハーバーランドに、子会社が大きなレストランをやっていたものですから、そこに80人のパートさんと社員が働いていて、彼らの激励のために行ってきたのですが、それに併せて三宮から神戸、長田地区、須磨まで、つぶさに、何日かかけてずっと自転車で回って見てきたのです。

そうしたら、長田から須磨まではもう、住宅もやられて焼け野原です。しかし須磨から先はまったく被害がなくて、須磨の駅前のパチンコ店が開いていたのです。何の気なしに店の中に入ってみたら、しかも朝なのに、満杯で入れない状態なのです。

それで、お客さんの声を聞いてみると、もう行くところがないのだと。それでストレスがたまってしようがないと。避難所ではもう、せきをするのはいる、泣く子どももいる、病気の人もいる。みんな聞こえてプライバシーも何もない。そういう中で、1週間居るのが限度だと。だから一日中はそこにいられないのだと。だから、パチンコでもなければとってももたない、ということを言っていました。そういう意味で、パチンコ店は早く開けて欲しい、ということを神戸の震災のときに実際に目の当たりにしていたのです。

それで今回、東日本大震災のとき、わが社の方針は、パチンコは全国まったく同じ遊びができるということで、地域のお客さんに根ざしている、これを地域の方にできるだけ早く復旧して提供してあげないといけない——ということで臨んだのです。だから、3月11日の震災の後、実際には15日には現地に車で入って、仙台から三陸方面をずっと見て回りました。

——どういう様子でしたか。

佐藤　何もない。コンビニへ行っても、品物がないわけです。それで、あまりにも寂しい、夜は真っ暗で。これはいたたまれないだろうと。だから、コンビニの明かりと、パチンコ店の明かりを、少なくとも明かりをつけることが地域の人たちの救いになる、これは一刻も早く復旧して開けなければいけないと。すぐに店を開けなさい、と、みんなを集めてそう言ったのですけれど、ところが、社員のほうが、震災直後にパチンコ店を開けたら反発されるのではないか、という不安を感じていたのです。

それで、神戸のときはこうだったのだから大丈夫だ、とにかく最善を尽くして早く開けよう、という方針を打ち出して、それで同時に、本部から必要な物資を調達し

矢本店（東松山市）震災後に店舗周りに集められた瓦礫の山

2011年6月16日店舗再開のカウントダウン

店舗再開の日の様子

て、都合100回以上にわたって水や食料品などを無料配布するための車を出したのです。

地域の人たちに、避難所に必要なものを届ける。これはその後もずっと、ボランティアで続けています。

それは、やっぱり、地域の人が困っているのを見て見ない振りして、営業だけやりますというのは問題があるなと。地域と一体となって、地域の復興にもお役に立とう、従業員も一緒になって、地域と共に店がある、ということを一緒になってやろうということなのです。

これでなおかつ、店も早く開けようということでやってきたから、地域の方からも早く店を再開してくれ、という声が聞かれるようになって、そこで初めて再開ができたのです。地域の人の笑顔があって、町のコミュニケーションの場になっているのです。

だから東北の各店が今回ほど、地域におけるパチンコ店の存在理由、その社会における役割というものが痛感されたことはないと思っています。

だから地域のためにお店がある、ということを、社員みんなが実感した、確かめることができた、ということでもありました。

――東北3県で店はどのくらいですか。

佐藤 3県で約70店舗ぐらいです。

――被災したお店は何店ですか？

佐藤 停電などを含めると、瞬間的には100店舗を超えたと思います。

――電気が来ないと動かない。

佐藤 東北3県の被害が大きかった地域に近いところのお店、やはり50店舗ちょっとは、簡単に復旧はできないという状況でした。

――倒壊したとか？

佐藤 一部は破損があったり、お店が大丈夫でも地域全体が完全にやられてしまって、また物流機能がないとか、いろいろな理由からですね。あと福島第一原発から30キロ圏内の店もありました。ここは再開したのが最後でした。

――大震災に関することで、一番、感動したこととは？

佐藤 一つは、やっぱりすべてのお客さんには、東北に何かをしてあげたという気持ちがあって、そこでお客さんの玉を寄付してもらって、それを義援金として換えることをずっと続けていたのですが、これが1億円を超えたのです。

――玉をその場で寄付するのですか？

佐藤　そうです。端玉という、景品に換えた残りを寄付するという形で義援金箱に入れてもらうわけです。

――会社自体の直接の義援金はどれぐらい行いましたか。

佐藤　現金では1億５０００万円ぐらいです。

――これはどう届けたのですか。

佐藤　全部、日本赤十字社経由で送りました。それから支援物資を車で１００回以上にわたって約１００万点ぐらい届けました。

――ボランティアではどんなことをやっているのですか？

佐藤　がれきの処理から下水の清掃までいろいろなことを社員が率先してやってくれています。第一次のボランティアを社内で募集をしたときは１００人を超える応募がありました。

――いまダイナム・グループの社員はどれぐらいですか。

佐藤　パートさんを入れて1万７０００人ぐらいです。

――店舗数は？

佐藤 355店です。

――46都道府県に全てありますか？

佐藤 現在、沖縄県を除いて全都道府県にあります。

――ダイナムは社員教育には非常に熱心な企業ですね。人材育成についての考えを聞かせて下さい。

佐藤 人材育成というより、やっぱり一番、教育的効果が高いと思うのは、今回の大震災のようなときに、経営陣がどういう動きをしたか、なのだと思います。どういう采配をふるって、どういう指示を出したか、というところでやはり、結果として、全従業員が非常に経営陣に対して信頼が厚くなる。社会と会社との関わりとか、地域との関わり、そういう全てのことに関して、従業員の教育的見地ということから言うと、経営者の背中を見ている、ということだと思います。

――背中を見せるのが経営者としての生き方だということですね。

佐藤 そうですね。これは会社に対する、仕事に対するモチベーションが高くなる最大の要因になるということは、あちこちで聞きます。そういう声を。

――今、会社の研修施設は何カ所ありますか？

佐藤　2カ所あります。静岡の伊豆高原と、山口・下関市の豊浦。

――東西2カ所ということですね。主にどういうポイントを置いて研修を行っているのですか？

佐藤　私は少し現場を離れているのだけれど、ダイナムの研修の特長は、すべてがダイナムの社員が行うという点で、外部講師を呼ぶことが極めて少ないのです。それぞれが、それぞれの立場で工夫しながら、教えていくのです。ですから、教える立場になると、逆にそれが学ぶことにもつながるのです。

新入社員の場合には、インストラクターはだいたい入社2、3年目クラスのアシスタントマネジャーが行います。

基本的なコンセプトは、知識を押しつけるのではなく、できれば、ものを考える、そして何か切り開いていけるような、そういうカリキュラムであってほしいというところがあって、だから試験をやってそれを評価するというのは少ないです。

――問題解決能力を養う、ということですね。

佐藤　ええ。だから本を読んで、それを要約するとか、またその読んだ人たちがディスカッションするとか。

――一言でダイナムをどういう会社にしたいですか？

佐藤　ダイナム・グループは、ひとことで言うと、社会の中にあって、初めて存在しうる会社ということです。だから企業の壁を高くしたくない。できれば、壁をフラットにしたい。フラットにして、なおかつ、必要に応じて、自由な組織の再編ができたり、事業をやめたり増やしたり、もう縦横無尽に、必要に応じて対応ができる組織と、対応ができる社員であってほしいという考えです。

――会社の中で伸びる社員は佐藤さんから見てどういう人ですか？

佐藤　伸びている人は、一つは、常に前向きな姿勢があること。今、新しい環境を与えられても、その環境をすぐ吸収して、さらにその中で、伸びる方法を配慮できる人。要するに、それができるということは、いま企業の壁と言いましたが、自己の壁というのもあります。要するにその壁の中で安泰でありたいと、自らが作る壁のことですね。伸びていく人は保守的にならないで、壁を取り除いていきますし、風通しをよくしていく、そういう人だと思います。

――要するに対話能力がある人ですか？

佐藤　そうですね。だから自己の壁、企業の壁、団体の壁、こういう壁をできるだけ低くして欲しいな、とわたしは考えているのです。

第7章

壁を越える　国を越える

自己の壁、企業・団体の壁、国・民族の壁

「できれば『3つの壁』を卒業して欲しい、という希望を私は持っています。それは、一つは『自己の壁』、次に『企業・団体の壁』、そして『国、民族の壁』です。過去の歴史を見れば、そこに争いが起きたことは事実です。そうした体験を世界の国々が、また多くの民族がしてきたわけです。では、グローバリゼーションの中で、どう共存・共生を図っていくべきなのか。わたしは、そのためには新しい秩序、枠組みづくりが必要だと考えています」

そうした世界観を持つ佐藤は、アジアの国々の指導者、大学理事長や有力教授などの知識人と親交を深め、広範囲なネットワークをつくりあげている。

かつて、明治期、日本の美術振興に尽くした思想家・岡倉天心は、「アジアは一つ」と言い、インド、中国との指導層との交流を深めた。『殖産興業』、『富国強兵』のスローガンの下、欧米列強に追いつけ、追い越せとばかりに近代化政策を推し進めた日本の明治期にあって、欧米列強が植民地化しようとしていたアジアの連帯を呼びかけ

た岡倉天心の言動は多くの国々に少なからぬ影響を与えた。

しかし、当時のアジアは複雑で宗教も言語も風俗、風習その他が多様性に富み、欧州のように、その根幹がキリスト教やギリシア文明で通底しているのとは違った。

その後、第一次大戦、第二次大戦が起きた。アジアの国々もそれぞれに異なった対応を余儀なくされていった。日本も、第二次世界大戦で敗戦国となり、GHQ（連合軍総司令部）の占領が1945年から52年まで7年間続き、そこから主権を回復し、今日に至るという道のりをたどってきた。

日本自体も、復興を遂げ、1968年（昭和43年）、米国に次いで世界第2位の経済大国にまでなった。高度経済成長を実現し、1970年代、第1次、第2次の石油ショックを受け、安定成長時代に入り、80年代後半のバブル経済も体験。バブル経済がはじけた90年代から20年余、〝失われた20年〟と形容されるように、円高とデフレに悩み、経済低迷に苦しむときが続く。

アジアでは、中国が2010年、日本を抜いて世界2位の経済大国になり、また韓国も今や先進国の仲間に入り、エレクトロニクスのサムスングループや現代自動車などグローバル市場で活躍している。

また、ＡＳＥＡＮ（東南アジア諸国連合）諸国、地名ではタイ、シンガポール、マレーシア、インドネシアなどが力強い成長をし始め、ベトナムが勤勉性の強い国民の努力で経済成長を続ける。さらにはミャンマー、カンボジアといった国々も経済改革を推し進め、外貨の獲得にも積極的だ。

アジアの国々では紆余曲折はあるにせよ、交流は活発になってきている。波風がいくつか起きるにせよ、共存・共栄の道を歩んでいくことこそがアジアの発展にもつながっていく。

こうしたアジアの現実を認識したうえで、佐藤が設立したのが「ワンアジア財団」である。

この「ワンアジア財団」は東京に本部を置き、アジアの有力大学との間でネットワークを構築し、アジアの発展を図っていくうえでどう現状を把握し、変革していくか、その道筋と方策をみんなの知恵を出し合っていこうという構想の下に運営されている。

基本財産は約１００億円で、全額、佐藤が拠出している。佐藤は資金面で協力するが、財団の運営には口だしせず、アジアの頭脳を結集し、アジアの連帯と福祉の向上

ワンアジアコンベンション仁川2012で開会挨拶をする佐藤洋治

などを図っていきたいとしている。

２０１２年７月７日。ダイナムＪＨの香港上場があと１カ月に迫る中、韓国・仁川で開かれたワンアジア財団主催の「ワンアジアコンベンション仁川２０１２」。その開会挨拶で、同財団理事長を務める佐藤洋治は持論の『３つの壁』を取り払うこと、つまり、『自己の壁』、『企業の・団体の壁』そして『国・民族の壁』の３つをなくし、共生の道を探ることが大事と、力強く述べた。

同財団がこうしたコンベンションを開くのは、前年に東京で開いたことに次いでこれが２回目。海外では初めての開催となった。

大会には16のアジア各国・地域にある86大学から136人の教授・准教授が集まり、「アジア共同体のための『政治・経済』『歴史・教育』『文化・芸術』の三つの役割について、それぞれの分野のセッションに分かれて各国のそれぞれの専門の教授が報告と討議を行った。

政治・経済分野では朴濟勳・仁川大学教授を座長に金裕殷・漢陽大学教授ら7人の教授が発表者として講演、嘉悦大学の黒瀬直宏教授ら2人が討論者として最後に講演した。歴史・教育分野では崔元植・仁荷大学教授を座長に、ディアソニ・リスダインドネシア教育大学教授ら6人が発表者として講演、崔在憲・建国大学教授ら2人が討論者として講演した。文化・芸術分野では木村政司・日本大学教授を座長に国広ジョージ・国士舘大学教授ら6人が発表者として講演、原一平・日本大学教授ら2人が討論者として講演した。

国際色豊かなコンベンションでは母国語で講演する教授、英語で講演する教授、日本語で講演する教授とまちまちで、そのため会場には英語、日本語、中国語、韓国語の4カ国語の同時通訳がつくというという念の入れ方。各国から集まる教授陣の航空

ワンアジアコンベンション仁川2012でのセッションの一コマ

運賃と宿泊代も全て財団持ちであり、相当な準備と予算がこのコンベンションに掛けられていた。

政治・経済セッションで討論者として最後に講演した崔永宗・韓国カトリック大学教授は、日本で五百旗頭真《いおきべまこと》・神戸大学名誉教授（前防衛大学校長）にも師事したことがあり、日本語も流ちょうにこなす。

この日は英語で講演し、政治学者の立場から「東アジア共同体」の課題について短時間で明快に論点を述べた。

崔永宗教授は、やはり重要なポイントは「教育である」と語り、東アジアの学者がお互いの知識を共有する必要性に言及。重要なことは東アジアの安全保障面での脅威

2012年７月７日「ワンアジアコンベンション仁川2012」閉会の晩餐会にて

を除くことであり、これまで安全保障面での協力がなかったことが東アジアのアキレス腱だと話した。

東アジアの安全保障における中国の存在、日中の対立関係が大きな影響を及ぼすこと、安全保障にとっての脅威は各国が単独で行動することであり、単独での行動をなくすためには共通の利害を高めることが必要だとした。また東アジアの弱点はこれまで一部のエリート層が政治・外交を率いてきたことであり、それを草の根にまで広げて、一般大衆、民間の外交を促すことが大事だと話し、このための組織の必要性、教育とコミュニケーション、民間外交の重要性に言及した。

奇しくもこのコンベンションが終わってから、にわかに領土問題で緊張が高まっている東アジア地域の昨今だが、その全ての解決の糸口が明示された講演であった。参加した人たちの間では、お互いの考えを述べ合うなどして絆を確認し合っており、大いに成果のあがったコンベンションであった。

上場ロードショーより優先

「ワンアジアコンベンション仁川２０１２」の閉会式の晩餐会。最後に壇上に登った理事長の佐藤は、アジア各国から集まった教授たちを促し、各国の有名な歌を披露しましょうと、最後の場を盛り上げた。

日本の教授たちは、佐藤が音頭をとって「ふるさと」を歌った。中国の教授陣は参加者数も多く、なかなか歌う歌が決まらず笑いを誘った。モンゴル共和国の教授はプロ顔負けの美声を披露し、会場にいたみんなの耳を釘付けにした。

前日に開かれた歓迎レセプションから2日続きで出席した佐藤は、ダイナムＪＨの上場決定が香港証券取引所から下され、海外の投資家に対するロードショー（株式上場前に海外の機関投資家などを回って会社の内容などを説明する作業）で短期間に全世界を駆け巡らなくてはならない過密スケジュールを目前に控えてのことであった。

「スケジュールが重なったら、ロードショーは社長（佐藤洋治の弟に当たる佐藤公平・ダイナム社長）に行って貰い、会長（佐藤洋治のことをダイナムのグループ社員はみな、今でもこう呼んでいる）はこちらの出席を優先していただでしょう」。ダイナム関係者がこう明かすぐらい、佐藤はこの財団に思い入れがあり、その活動に相当なエネルギーを注いでいる。

人類の歴史を見れば、諍《いさか》いと紛争が人間の文明と科学を発展させたという一面があることは疑う余地はない。だが、20世紀の戦争は、間違いなく過去の戦争とは違った種類のものであった。それは人類の未来も滅ぼしかねない、もはや人の手のつけられないものに膨れあがっているように感じられる。

21世紀に入って、今のところ前世紀ほどの大きな戦争はなくなったとはいえ、なお国と民族の違いによるエゴのぶつかり合いは後を絶たないのが現実。ときあたかも日本でも、周辺国との領有権を巡る問題が一気に噴出し、緊張感が高まっている。こういう状況があればこそ、「ワンアジア財団」のような活動を通して、アジア各国との対話、意志疎通をよくしていくことは大いに意義があるものと言えよう。

「第二次大戦で日本は民間と兵隊さん合わせて500万人の人が亡くなっているんですね。そういった非常に過酷な、つらい体験を、繰り返すのではなくて、そういうことは卒業していくべきとき。次の時代に未来を求めている人たちがいたからこそ今日の日本があるのだと思うし、そうした努力を続けていくべきだと思います」と佐藤は述懐する。

もうそろそろ、人間はお互いのエゴを主張するのではなく、「エゴから脱却する」発想が必要なときではないか？　そんな佐藤の思いが、この財団での活動には込められているのである。

「アジア各国にはたいへん優秀でエネルギーあふれる大学の教授がたくさんいらっしゃいます。そういう教授たちの力を合わせていくことが大事です。主役はあくまでも大学の教授と、若い学生です。財団はそれを支援する立場です」と佐藤は、開会挨拶の最後をこう締め括った。

アジア各国でのこうした地道な知のネットワークづくりが、やがて様々な『壁』を乗り越える叡智をもたらしてくれるであろうと、佐藤は念じつつ、今日もアジアのどこかを飛び回っている。

「この仕事をやらされている」

２０１２年９月現在、ワンアジア財団からの寄付講座を開設及び開設準備している大学は世界24カ国・地域で１４２大学に達した。うち67大学で助成が開始されている。

日本では東京大学はもちろん、京都大学、筑波大学、一橋大学、北海道大学、九州大学などの国立大学のほか、私大では母校の早稲田大学を始め慶應義塾大学、立命館大学などが開設か開設を準備している。

国・地域別では、中国、韓国、香港、台湾、シンガポールのほか、ベトナム、タイ、フィリピン、ネパール、カンボジア、インド、珍しいところではモンゴル、キルギス、カザフスタン、ウズベキスタンなどの大学でも開設されている。

ワンアジア財団は「アジアは一つ」の理念を掲げ、そうした研究・講座を行っている日本を含むアジア各地・国の大学・大学院の講座（その講座を行う教授）に助成を行うことが主な活動。

同財団は、2003年にNPO法人として設立、2009年12月に一般社団法人になった。基本財産は佐藤が所有していた保有株約100億円分。これで年間約3億円で、世界の大学への助成活動などを行っている。助成は「アジア共同体」という講座で学生が単位をとれる、ということが条件になっている。条件はこの1点だけである。

財団の存在と活動が短期間にアジア全域の大学に広まった理由が、大学間の関係者を通じた〝口コミ〟だったことも特徴的だ。

ここまで急速に設置大学が広がった理由は、もちろん、アジア各国の大学教授たちに国や民族の壁を越えた「アジア共同体」の必要性が十分、理解されたからである。それに加えて、財団の寄付の特色が、各大学が自由にカリキュラムを作れる点にある。そしてその講座はどの大学においても、学生からたいへん人気の高い講座になっている。このため、他の多くの大学からも「是非、当大学でも設置した」と要望が寄せられている。

しかも財団には政府の色は一切ついていない。純粋に民間の財団であるうえ、企業の冠講座と違うので、講座には企業名はおろか財団名も出さないでいる。

「こういう色が全くない財団は非常に珍しいと思いますし、大学の先生たちからもそのことをよく言われます」と佐藤は現在の運営方針をそのまま続けていく考えである。

そして、佐藤は3年で300の大学で講座が開設されているだろうと予測している。

最初はもちろん中国などでは警戒されもした。何か政治的な組織が裏に絡んでいるのではないかと当局から見られたこともあった。しかし、調査を行うとそうしたものはないことがわかる。

今では精華大学や北京大学を始め中国の著名大学が多数、寄付講座を開設している。

「ワンアジアコンベンション仁川2012」に参加したある教授の中には「1000人の教授を集めるよりは、10人でいいから影響力のある教授を集めることの方が投資対効果は大きいはず」という意見を述べる人もいた。

だが、佐藤は、こうした意見に対して、「より多くの人に向けて、広く開かれていることが大事です」と答えることにしている。

例えば、会場には博士号をとりたての若くて将来有望な大学講師の先生なども多数参加していた。既成の一部のエリート知識人だけを相手に門戸を狭めてしまったら、そうした将来有望な人材の掘り起こしを見逃してしまうことになるだろう。

それは「パチンコホールというのは地域あっての業種。地域の人たちとの繋がりなくしてこの産業はあり得ない」（佐藤）と、地域に広く開かれお店、透明性や社会との繋がりに重きを置いてきた佐藤のダイナム・グループにおける経営哲学とも一脈、通じるものがあるだろう。

この財団活動で、佐藤は大学からの名誉教授などの誘いに対しても固辞するなど、見返りを求めていない。ただ、「アジアは一つ」という思いを実現させたいと願っているだけである。その思いを、若い後進の育成を本分とする大学教育に託している。

自己の壁、次に組織の壁、そして国の壁を乗り越える――。

若いときから「人はなんのために生きるのか」という問いを自問自答してきた佐藤は、これからの人生の目標をこの言葉に集約させている。

そう考えて仕事に打ち込んできている間にいつしか「自分はこの仕事をただやって

いるのではなく、やらされているのではないか」と思うようになった。

そうした思いはやがて、「社会との繋がり、地域との繋がりがあってこその企業」「社会貢献、地域貢献でナンバーワンを目指そう」という、ダイナムの経営哲学なり理念に昇華していった。

香港証券取引所への上場申請も同じであった。厳しい審査の中で行動をともにしてきた社員たちと上場実現へ向かって努力し続け、「やるだけのことはやりました。あとは天命に任せます」と語った佐藤。

文字通り、人事を尽くして天命を待つ、という心境である。この思いでたどり着いた境地が、「ワンアジア財団」での活動に繋がっている。

アジアは一つ、世界は一つ

「すべての人は壁の中でものを考える習慣があると思います。一つは自己の壁。自分にとってプラスかマイナスかで行動します。企業も組織も国も、自分に有利か不利かで判断します。こうやって壁の中で全てのものを見てきました。これは歴史の必然であって、それで人類が成り立ってきたし、評価すべきことではあったのですが、いま世界はエネルギー問題一つを見ても、壁の中で主張し合うだけでは決して解決できない問題がたくさん出てきていると思います。だから、その壁をどう『卒業』していくかが重要だと思うのです」と佐藤は語る。

日本国内での上場が、門前払いにされ続けでも、佐藤は決して希望を捨てなかったし、むしろ難事に挑戦し続けようと肚《はら》に決めた。新しいチャレンジとして浮かび上がったのが香港やシンガポールやソウルなど、他のアジアの各国・地域での上場だった。

実際にそれらの市場をくまなく調査し、そして最終的にここだと決めたのが香港市場だったのは先述の通りである。

そして香港市場の関係者はその思いに十分に応え、ときに躊躇したり反発する場面もあったが、結果的にはついに、日本企業として初の普通株による株式の上場を果たすことができた。

株式上場という20年来の悲願の活路を、香港という舞台で見出したことは、「アジアは一つ」の思いで力を入れてきた佐藤の財団の活動とやはり深く結びついている。

グローバル化で遅れる日本

「ガラパゴス化」。最近よく目にする言葉である。モノづくりに長けた日本は、とにかく最高品質のものをつくって、消費者に提供しようと努めてきた。しかし世界市場は多様なニーズに包まれており、ただ最高品質のモノを求めているのではない。そこを見誤り、グローバル市場でのマーケティングで失敗する日本のメーカーは少なくない。日本という一つの限られた市場だけでしか生きられない日本のモノづくりを揶揄した表現が「ガラパゴス化」である。

日本の産業の中では比較的早い時期に国際化を進めてきた電機業界では今、厳しい状況が続いている。この苦境は長期の円高も背景にあるし、中国など発展途上国との生産コスト競争やマーケティング面での競争などによってもたらされている。グローバル化がそのまま日本企業にとってプラスばかりに働くとは限らないことを象徴する現象である。

こうしたことや、大洪水などの自然災害やテロ、地域紛争なども海外では起きる。

海外リスクはいつでも、どこにでもある。そういう不測の事態は国内においても起きる可能性がある。内外にリスクを抱えながらも、海外との交流、海外での活動は今後、ますます必要になってくる。成長を求めようとすれば、なおさらのことである。

ところが、日本人は最近、どんどん内向きになる風潮が強まっている。

ある大手総合商社のトップは、最近は「若い社員が海外に行きたがらなくて困る」と嘆く。いったい何のために総合商社に入ったのか。総合商社は外国との貿易はもちろん、世界を舞台にビジネスを展開するのが仕事である。ここは若い世代のみならず、壮年、熟年層も含めて一人ひとりが自分たちの原点に回帰するときである。

日本はもともと言語の壁もあって国際化では先進各国に遅れをとっている。様々な分野での国際規格化や、証券取引所の国際再編、金融のグローバル化など取り組むべき課題も少なくない。

日本は、本来、対話の上手な国であったはず。和魂漢才、和魂洋才という言葉がある。漢（中国）や西洋から文明を導入しながらも、日本のそれとうまく融合させ、新しいものに昇華させるという知恵を発揮してきた。

グローバリゼーションの中で、世界との対話を大いに進め、心を開いて相互交流を進めていかないと、活路は開けない。佐藤が「ワンアジア財団」の活動で訴えたいことの大きな目標がここにある。

全ては「良い方向に変わる」きっかけに

「セミナーへの出席は、会社のトップが『君、行って来なさい』といって社員を出してくるだけで社長自身が来ることは少ないのです。しかし、佐藤さんはいつも出席しているし、セミナーの後で提出してもらうレポートは、左上から右下までびっしりとすき間なく書いてあります。こういう経営者はなかなかいません」

これは流通コンサルタントの大家、故・渥美俊一氏が佐藤洋治を評したときの言葉だ。

何事も勉強だ、と考え、努力を惜しまない前向きなこうした佐藤の姿勢は、困難を乗り越えて株式上場を果たしたダイナムＪＨの姿と重なる。

あらゆる困難は良い方向へ向かうことの経過点の一つ――そんなふうに何事も前向きにとらえるポジティブな姿勢には、その根底に「世の中のあらゆることが、どこかで何かの形で繋がっている」という佐藤の考えがある。

佐藤は「敢えて言うと、自分が高校生時代から半世紀に渡って追い求めてきたこと、自己とは何か、人間とは何かといった難しい問題なのですが、そういったことを、いろいろな人との出会いの中で、わたしなりに掘り下げてきました。人類の未来は意外と悲観ではなくて、夢と希望が持てるものではないか、というふうにポジティブに考えているのです」と話す。

つねにものごとに対して前向きな佐藤の姿勢は、この言葉からもうかがい知ることができる。

一つ大事な目標を掲げ、それに心血を注いで努力をしていく。途中、挫折しかけたり、大きな壁が現れたりすることは付き物。そう簡単には折れないし、最後の最後まで努力し続けるという生き方である。

「大事なことはやはり、未来に対する夢と希望を自ら捨てないことです。そうでなければ、例えば震災で一瞬のうちに失うこともあるし、そういう場合の無力感はどうにもできません。おうおうにして、自然の前には人も国も全く無力です。こうした試練を乗り越えることができるかどうか、未来に対して夢と希望を持ち続けられるかどうかに尽きるのだと思います」

国の壁を越えて、日本発・世界初の香港上場を果たした佐藤の何事にも前向きで諦めない姿勢は、困難な時代を乗り切ろうとしている人たちにとって、大いなる示唆を与えてくれる。

エピローグ

「今回の上場で一番、喜んでくれているのは社員とその家族なんです」

ダイナムJH社長・佐藤洋治の述懐である。

佐藤は20歳台そこそこのときに、父親を亡くした。そして、父親が経営する2店のパチンコホールを引き継ぐことになった。大学を卒業して、当時流通革命の旗手として世の中を引っ張っていたダイエーに就職し、創業者・中内㓛氏（故人）の事業創造の強烈な思いに共鳴し、そこで働くことを生き甲斐にしてきていた。

そこへ父親の急逝。男4人、女1人の5人兄弟の長兄として生まれた佐藤は家業を継がざるを得ず、逃げる道はなかった。人生はこのように、突然、進路変更を余儀なくされることがある。

最初のうちはとてもこのパチンコ店の仕事をずっと続けようという気にはなれなかったという。しかし、パチンコ店には従業員もおり、その家族もいる。また地域社会とのつながりもある。人は、いろいろなしがらみの中で生きる存在でもある。

佐藤はそこでもがきながらも、じっと自らを見つめ直していく。仕事に追われる中で「人間とは何か」「自己とは何か」という哲学的な問いを自問自答するようになっていく。そしていつしか、「今やっている仕事は、ある使命でやらされている」「世の中のすべてのことはどこかで通底しあっている」と考えるようになっていく。

人材が会社発展の基本だと悟った佐藤は、人材教育に力を入れていく。今ではダイナム・グループが業界でも最も進んだ社員教育・研修の施設を備えていると言われるまでになっている。その教育・研修の真髄は「自己啓発」であり、社員自らが成長していくきっかけを与えることが経営陣の仕事だというところにある。

自らの壁を乗り越える。そして組織の壁、次に国の壁。そうやって一つ一つ乗り越えていき、最後は世の中が理想郷の中で一つになる。そういう方向へ持っていきたいと佐藤は考え、日々実践している。

このように、トップによる理想への強い思いが結果として、夢の一つ一つの実現へと繋がっていく。そういう事実が、今回のダイナム香港上場から強く確認させられることであった。

本書・編集部も香港の関係者にできるだけ多く会うべく現地取材を実行した。国境を越えて一つの目標に向かって自分たちの仕事をしていくということの中で今回のダイナムＪＨ株式上場をどうとらえ、どう感じていたのかを直接肌で感じてみようと思ったからである。人と人との出会い、そして対話や葛藤を重ねる中でゴールを共有し課題を乗り越えていく中で、そこに友情やきずなを最後に感じとることができる。それを確信することができた現地取材であった。いろいろな場面で編集部も感動を味わうことができた。

時間のない中で取材にご協力いただきました皆様、またその調整の労をとっていただきましたダイナム情報管理部の広報ご担当の方々、そして特に初めての香港取材での先方との日程調整とインタビューでの通訳の労をとっていただきましたダイナムジャパンホールディングス総合企画部の林謙三様、さらにワンアジア財団事務総長の西塚英和様に心より感謝を申し上げます。

『財界』編集部（文責・畑山崇浩）

参考文献と注（第4章）

『史上最強のパチンコチェーン　ダイナム』　財界研究所　1999年4月
『パチンコ・パチスロ産業関連データ』　一般社団法人パチンコ・トラスティ・ボード　2011年8月
『パチンコ店大手　上場へ　業界初、香港市場で』　朝日新聞　2012年7月7日夕刊

（注1）『パチンコ店業界、株式上場不発　ジャスダックが申請却下』　Asahi.com 2006年4月29日の記事は以下の通り。

パチンコホールは株式上場できません——。パチンコ店チェーンから上場申請を受けたジャスダック証券取引所は28日までに、上場を認めないことを決めた。出玉の景品を換金する業界慣行の合法性があいまいなため、投資家保護を果たせないと判断した。各地の証券取引所もこれと同じ対応をするとみられ、上場による資金調達とイメージアップを望むパチンコ業界にとって厳しい結論になった。

上場申請をしていたのは首都圏に約30店舗を展開する業界準大手。昨年12月に申請したが、ジャスダックは業績などではなく、「三店方式」と呼ばれる業界独自の換金方式を問題視した。

パチンコの営業は、刑法が禁じる賭博への抵触を避けるため、客に現金や有価証券を渡すことは認められていない。ただ実際には、(1)客が店内で景品を受け取る(2)客は店外の景品買い取り所で換金(3)景品は問屋を経由して再びホールに戻る——という手法で、客の9割以上が換金しているという。

警察庁は、ホール、買い取り所、問屋が別経営であれば「直ちに違法とはいえない」との見解を示すが、「合法」とのお墨付きも与えていない。パチンコ機器やプリペイドカードシステムなど周辺産業が相次いで上場する中、ホール業界だけは取り残されていた。

業界は上場で社会的地位を向上させようと、大手数社が05年、弁護士や公認会計士を集めて専門の監査機関を設立し、経営内容を外部から見えやすくする取り組みをしてきた。今回、申請却下された企業はこの機関の審査を受けて上場申請した最初の会社だった。今回の決定について「何もコメントすることはない」としている。

(注2)『パチンコ最大手、カンボジアで銀行の超堅実経営　日本で上場の夢経たれ、急成長の新興国にかける』ＪＢＰＲＳＳ　２０１１年12月28日の記事。

(注3)『「在日企業」の産業史　その社会的基盤とダイナミズム』　韓載香　名古屋大学出版会　２０１０年の１３６~１３７ページに記述がある。

（注４）『パチンコ誕生』　杉山一夫　創元社　２００８年の４４２～４４４ページに記述がある。

国を越えて！ダイナムの挑戦
パチンコホール世界初の株式上場！

2012年11月27日　第1版第1刷発行

著　者　『財界』編集部

発行者　村田博文
発行所　株式会社財界研究所
［住所］〒100-0014東京都千代田区永田町2-14-3赤坂東急ビル11階
［電話］03-3581-6771
［ファクス］03-3581-6777
［URL］http://www.zaikai.jp/

印刷・製本　凸版印刷株式会社
© ZAIKAI Co.LTD 2012, Printed in Japan

乱丁・落丁は送料小社負担でお取り替えいたします。
ISBN 978-4-87932-087-2
定価はカバーに印刷してあります。